JN066195

小学校英語

# 授業づくりの
# 心と技

児童の学びの力を育む

小泉清裕 著

大修館書店

# はじめに

　2020（令和2）年度から小学校3，4年生では領域の「外国語活動」として，そして，5，6年生では教科「外国語」として，小学校英語教育が本格的に始まります。国は長い年月をかけて準備し，段階を踏んでここまでやってきたことを理由に教科化に踏み切ったのだと思います。しかし，実際には準備が十分でない部分も多く，少なくとも実践する先生方が「よし，スタートだ！」と胸を張って春を待つ気持ちにはなっていないような気がします。

　小学校英語教育の開始に続いて，今後，中学校から高校までの英語教育にも大きな変化が起こってくることになっています。国が新しい英語教育でめざしているものは，一言でいうと，「使える英語」にすることです。「入試に使える英語」ではなく，人と人をつなぐことに「使える英語」へ，時代の流れとともに，英語教育の目的が変化してきたのです。

　目的は遠くにあって輝いているものです。そして，その目的に向けて一歩ずつ進んで行くための「道しるべ」が目標になります。目的が変化したのですから，それに適した目標を一つひとつ通過して少しでも新しい目的に近づいて行くことが求められます。新しい目的に向かって進むならば，新しい目標とそのための新しい方法が必要になります。

　英語教育はこれまで出発点となっていた中学校英語に代わり，小学校英語が出発点になります。小学校英語はまったく新しい教育ですので，私たちが過去に学んできた目的や目標，内容とは異

なることが求められることになります。その最初の一歩を踏み出す方向や方法が極めて重要です。

ところで、「教育」を英語にすると、educationやinstruction、そしてteachingになります。educationの、「e」は「外」を意味し、ducationは「引き出す」の意味のラテン語が基になっています。ですからeducationの意味は、人が生まれながらにもっている能力を「外に引き出し」それを育むという意味になります。

一方、instructionの「in」は「中」を意味し、「struction」は「組み立てること」を示します。なかったものを注入してそれを組み立てることの意味になります。teachingもinstructionに近い意味で、「教え込む」という意味を持っています。

educationとinstructionやteachingのどちらが重要かということではなく、学ぶ目的や内容によって使い分けることが必要です。今までの日本の教育は画一的な教育が求められていたため、教師が「教える」ことを重視したinstructionやteaching型の教育が主になっていました。しかし、2020年度から施行される学習指導要領がめざしているものは「主体的・対話的で深い学び」（アクティブ・ラーニング）です。これは知識重視で教師主体の「教える」教育から、学習者中心の「学ぶ」教育への転換を謳っています。この方法は、すでに多くの教育先進国が実践している、グローバル化に適した21世紀型の教育です。そして、日本の教育もその方向に舵を切ろうとしています。

私たち教師は、長い間自分が教えられてきた内容を、自分が教えられてきた方法で教えることが常道と考えてきました。しかし、新しい教育の始まりには、それに対応する新しい考えと新しい指導技術が必要になります。いわば新しい教育のための「心」と「技」を教師が身につけなくてはなりません。

自分が受けたことのなかった新しい教育に足を踏み入れること

への不安はあっても，その第一歩を踏み出す最初の一人になることに対しては，わくわくする気持も先生方にはきっとあるはずです。小学校英語教育という新しい世界の中に入っていく先生たちの「どきどき感」を，少しでも「わくわく感」に変えるためのお手伝いをしたいと願っています。

　私は約25年前に自分の意志ではなく，学校の都合で初めて小学校英語に携わりました。はじめは「どきどき感」というよりも「不機嫌な気持」で実践しました。そして児童もたぶん「つまらない気持」で授業を受けていたことでしょう。その後，自分が教えたいことから離れて，児童の学びたい気持に寄り添ったことで，英語の授業が大きく変化しました。それからというものは，児童は興味深く学習に取り組み，私にとっては毎日の授業の準備から実践まで「わくわく感」の連続でした。私が感じたこの「わくわく感」を，これから小学校英語に携わる先生方にもぜひ経験してほしいと願っています。

　本書は小学校英語に向かう先生方が準備や指導の中で疑問を感じたり悩んだりした時の参考にしていただきたいと願って執筆しました。そして，先生方の「心」の持ち方と，ちょっとした「技」の習得によって，児童の学びに大きな変化が起こり，その後の英語学習にも大変良い影響が生じます。子どもたちの長い英語学習の第一歩を，楽しくそして効果的に実践するためにこの本を活用していただければ幸いです。

2020年2月　著者

# 目次

＊大修館ホームページ（コンパニオンサイト）
　より関連資料をダウンロードできます。

URL：https://www.taishukan.co.jp/book/b505455.html

# 第1章

# 小学校英語の
# 教科化への道のり

# 1. 子どもに英語を教えるということ

『怪談』(*Kwaidan*) という物語を読んだことがあると思います。今でも小学生に人気がある本です。私はあの中では「耳なし芳一のはなし」が気に入っていますが，思い出しただけで琵琶の音が聞こえてくるような気がして，なんとなく不気味な気持になります。この本の原作は英語で書かれていたので，イギリスやアメリカで出版され，アジアの隅っこにある日本の文化が広く世界に紹介されました。

作者のラフカディオ・ハーンはアメリカで知り合った文部省の役人の斡旋で，1890（明治23）年に日本にやってきました。当時，日本の高等教育における英語の授業は，招聘された英米人によって行われていました。ハーンもその外国人教師の一人でした。

島根県の中学校と師範学校で英語教師として働き始めたハーンは，翌年，小泉セツ（のちに節子と改名）と結婚しました。結婚後，島根から熊本の高等学校に移りました。

熊本での教師生活の後，ハーンは今の東京大学の英文科の講師になりました。熊本で生まれた長男の一雄はすでに5歳になっていましたので，ハーンは一雄の将来のことを考えて日本に帰化し，小泉八雲と名乗るようになりました。

この頃から八雲は一雄に英語を教えようと決心しました。そして，八雲が仕事に出かける前に，約1時間の二人だけの英語の授業が行われました。どちらかが具合が悪いような時を除いて，この学習はほとんど毎日行われていたようです。妻の節子と長男一雄が書いた『小泉八雲』(恒文社) という本にその時の様子が載っています。

その中に，一雄の発した「英語って難しいものだ。勉強っておもしろくないものだ」という言葉を節子が残しています。一方，

八雲は「私，大学で幾百人の書生を教えるよりも，ただ一人の一雄に教える方，何んぼう難しいです」と語っています。

　八雲は大学でも非常に熱心に英語を教えていたようです。その授業は学生から非常に好評で，八雲が東大を退職したあとも，学生から八雲が教師として復職することを願う運動が起きたということです。ちなみに八雲の後任は夏目漱石でした。

　それだけの指導力があった八雲が，一雄の英語学習のために，読み終った英字新聞に文字や物語を筆で書いた自作の教材を用意したのですが，一雄を教えることは容易ではなかったようです。八雲のように英語の母語話者であって，高校や大学で英語教育を担当し，しかも学生からの評判が非常によかった人でも，子どもに英語を教えることがいかに難しいかを証明してくれています。

　八雲が一雄のために古新聞に書いた教材は，今でも松江の八雲記念館に保管されています。その教材は英語の発音と文字とのつながりを教えるのには理に適ったもので，教師が教えるという点では優れています。ただ，子どもがこれをおもしろいと思うかどうかという点では，間違いなく「No!」です。きっと八雲が教えれば教えるほど，一雄はおもしろくないと思ったに違いありません。八雲でさえも，一雄から「やりたい」という気持を引き出すことは難しかったということです。

　私たちが小学校英語の指導をする時に，教えたいという気持が強ければ強いほど，児童は「やりたい」気持から遠ざかっていく可能性が高くなります。子どもたちの「やりたい」気持を高めるために，今，新しい英語の学習方法が必要とされています。その方法はまだ確立されていませんので，私たちが小学校英語で創り出していかなければなりません。ですから，もし，自分自身の授業があまりうまくいかなくても，それは当然のことであって，失敗もやむを得ないと思っていいでしょう。誰がやっても難しいこ

とをこれからやろうというのが小学校英語です。

　重要なことは，難しいからやらないではなく，一歩前に進めたら半歩さがって，進む方向を確認しながら次の一歩を出すというように，試行錯誤（trial and error）を繰り返しながら，一歩ずつ足を前に出すことです。どんなに長く急な道であっても，少しでも前に進んでいればいずれめざすところに到着します。

　教科化されたからといって，焦ることは禁物です。焦るとどんなことでも失敗します。「急がば回れ」の気持で焦らずに気長に，そして丁寧に小学校英語に向かっていきましょう。周りからの指示で進むのではなく，自分のペースで進むことが肝心です。

　子どもに英語を教えるということは確かに難しいことですが，始めてみると，これがやめられなくなるほど楽しさを感じることでもあります。小学校英語を通してその楽しさを教師がぜひ実感してください。それが児童の「やりたい」気持を引き出す力になります。


## 2. 小学校外国語教育の始まりから「教科化」まで

　日本の小学校で外国語教育が始まったのは，明治時代にさかのぼります。大政奉還から 14 年後の 1881（明治 14）年に創立された東京の白百合学園小学校では，創立と同時にフランス語教育を始めています。白百合学園小学校はフランスを発祥とするシャトル聖パウロ修道女会が設立の母体であるため，フランス人修道女たちによるフランス語教育が行われていました。このようにして，いくつものミッションスクールで外国語教育が実践されたのが日本の小学校における外国語教育の始まりです。

　公立小学校の外国語教育の始まりについては，1986（昭和 61）年の臨時教育審議会の第二次答申に「英語教育開始の時期につい

ても検討する」との文言があり，1992年には，大阪の味原小学校と真田山小学校が国際理解・英語学習指導の在り方についての研究開発学校として，当時の文部省から指定を受けました。

　その後，1996（平成8）年度からは，各都道府県に1校の研究開発学校を指定し，1998（平成10）年に告示された小学校学習指導要領では，「総合的な学習の時間」の中で国際理解教育の一環として英語教育の実施が可能になりました。

　2000（平成12）年度には「英語科」としての英語教育開発学校が指定され，一気に小学校英語教育の実施に向けて勢いが加速しました。

　「文部省」が「文部科学省」（以下文科省と記載）へと名称が変更された2001（平成13）年度には，『小学校英語活動の手引き』が発行されました。

　1998年告示の小学校学習指導要領が施行された2002（平成14）年度には，「『英語が使える日本人』の育成のための戦略構想」や「『英語が使える日本人』の育成のための行動計画」が次々に策定され，すでにこの時点まで進むと，小学校英語の実施に対する賛否を語ることよりも，小学校英語で児童に何を教えるのかが話題になり始めました。当時，誰が小学校で英語を指導するのかという問題が大きくのしかかり，その論点は「スキルかコミュニケーションか」ということでした。要するに，英語を使えることをめざして，英語の単語や表現を覚えさせるのか，それとも英語活動を通して外国語や外国の文化に興味を示し，言語の使用方法よりも，外国人とのつながりを喜んで求めるような児童の心を育てるべきなのかという議論でした。

　2008（平成20）年には次の小学校学習指導要領が告示され，5，6年生が「領域」という枠組みで週1回の英語活動を実施することが明示されました。それに伴って，『英語ノート』という教材

の試作版が公開され，翌年にはこの教材が全国の小学校に配付されました。

2011（平成23）年度からは新しい小学校学習指導要領の施行に伴い，全国のすべての小学校で5，6年生に週1回の英語活動が行われるようになりました。翌年には文科省が新教材として『Hi, friends!』を全国の小学校に配付しました。その後，文科省は研究開発校や特例校向けに，補助教材として「デジタル教材」「ワークシート」「活動事例集」の3種類を作成しました。

2017（平成29）年には，2020（令和2）年度から施行する小学校学習指導要領が告示され，3，4年生は「領域」として週1回，5，6年生は「教科」として週2単位時間実施することが示されました。5，6年生の週2単位時間の授業時数の確保が難しい場合は，短時間学習（モジュール）型の授業も可能となりました。

文科省は先行実施のために『Let's Try!』（3，4年生用）と『We Can!』（5，6年生用）の2種類4冊の教材を作成し，全国の小学校に配付し，『Hi, friends!』と併用して使用することを推奨しました。

2019（令和元）年には翌年から教科化される5，6年生向けの教科書を，7社の教科書会社が作成しました。そして，2020年度から4年間使用する教科書が，広域採択制に基づいて採択されました。

以上が1986年の臨時教育審議会の第二次答申から，2020年度の小学校英語の教科化開始までの簡単な流れです。文科省はこれだけ長い準備期間があったので教科化は問題ないと考えているようです。しかし，準備期間が長いからといって，しっかりとした準備ができているとは言えません。現場を混乱させないためには，まだまだたくさんの問題が山積しています。

（＊「公立小学校英語教育導入に至る主な動き」を示した表をコン

## 3. 小学校英語の実施への反対論

　小学校英語教育については，上記の流れの中でたくさんの人が実施反対の意見を述べています。大津由紀雄氏はその代表的な人の一人です。小学校英語活動の開始以来，一貫して反対の立場を貫いています。教科化や専科化が話題になってからは，特に焦点を「教科化・専科化絶対反対」に絞って反対論を展開しています。その論点として，原理的理由，教育政策的理由，現実的理由の3つを提示しています。

　原理的理由としては「小学校から英語教育を始めても，その主たる狙いである，子どもたちの英語運用力を育成することにはつながらず，逆に，いま以上に英語嫌いを生み出してしまう可能性が高い」（大津由紀雄他著『英語教育，迫り来る破綻』ひつじ書房）ということをあげています。小学生には外国語学習を行う素地ができていないため，日本人の英語運用力を高めるためには，中学校からの英語教育の充実の方が適していると述べています。

　二番目の教育政策的理由では，文科省が小学校英語について述べてきたことが，短期間のうちに十分な議論も準備もないまま，その前に述べられたことをいとも簡単に覆し，別の方向に進んでしまっていることをあげています。教科でなく，「領域」として実践することになっていたものを，たいした実践もないままに「教科化」し，「学習者のモデルとしての担任」を示すために担任指導をと強固に言っていた直後に，しかも実施1年前になって「専科制」を発表するなどの無謀な転換への反対論を展開しています。

　また，小学校英語活動の英語教科への「格上げ」という考え方についても，「教科化」への準備段階としての「活動」ではない

と言っていたにもかかわらず，あたかもそうした筋書が前からあったように発言することに対して不信感を示しています。「英語活動」から「英語教育」そして「教科化」さらに「専科制」への「出来レース」の路線上で動いてきたことへの批判です。

　三つめの現実的理由としては，「外国語の指導で最も知識と技術と経験が必要だとされているのが入門期の指導」であり，約20,000校の小学校にそれだけの経験を持つ優れた知識と技術を持っている教員を配置するのは現実的に困難であるという理由です。また，小学校から英語教育を行うならば，学校英語教育全体を再編成する必要がありますが，その議論も準備もまったく行われていないという点をあげています。

　大津由紀雄氏以外の反対意見には，小学校教育では国語教育を重視するべきであって英語教育は国語教育にとって悪影響となる可能性があること，小学校では小学校でやるべきことに専念すべきであることなどの意見があります。


# 4. 文科省がこれからの英語教育でめざしているもの

## (1)「英語教育改革の背景」と具体的な内容の要旨

　文科省がこれから先の小学校から高校までの英語教育をどのように進めるつもりでいるかについて簡単に触れておきます。

　文科省は「グローバル化に対応した英語教育改革実施計画」（平成25年）の具体化のために，平成26年2月から9月にかけて「英語教育の在り方に関する有識者会議」を開催しました。この会議での話し合いが，2020年度以降に施行される，小・中・高の学習指導要領の英語教育の目的や目標，実施方法，教材，そして，大学の入学者選抜にも反映されています。この会議が提出した「英語教育改革の背景」と具体的な内容の要旨を示します。

1　英語教育改革の背景

　○グローバル化の進展の中で，国際共通語である英語力の向上は日本の将来にとって極めて重要である。アジアの中でトップクラスの英語力を目指すべき。今後の英語教育改革においては，その基礎的・基本的な知識・技能，それらを活用して主体的に課題を解決するために必要な思考力・判断力・表現力等の育成は重要な課題。

　○我が国の英語教育では，現行の学習指導要領を受けた進展も見られるが，特にコミュニケーション能力の育成について改善を加速化すべき課題も多い。東京オリンピック・パラリンピックを迎える2020（平成32）年を見据え，小・中・高等学校を通じた新たな英語教育改革を順次実施できるよう検討を進める。並行して，これに向けた準備期間の取組や，先取りした改革を進める。

**会議後に示された改革の5項目の概要**
改革1：国が示す教育目標・内容の改善
　①小中高の一貫した目標の設定
　②高等学校卒業時に生涯にわたり4技能を積極的に使えるようにする
　③英語力の目標を数値指定する
　④小学校では中学年は「聞く」「話す」に限定する
　⑤高学年は「読む」「書く」も行う
　⑥中学校では文法訳読に偏らない伝え合う学習を重視する
　⑦高等学校では発表・討論・交渉などの言語活動を体験する

改革2：学校における指導と評価の改善
　①英語で伝え合う活動を重視する
　②中高とも授業は英語で行うことを基本とする
　③4技能を使って「英語で何ができるようになるか」の観点
　　で目標を設定し，評価する
　④小学校高学年の評価方法は語彙や文法の知識ではなくパ
　　フォーマンス評価などによるものとして，学習者に過度の
　　負担とならないように配慮する

改革3：高等学校・大学の英語力の評価及び入学者選抜の改善
　①4技能の総合的なコミュニケーション能力が評価されるこ
　　と
　②各大学の入試に4技能評価を含むこと
　③「達成度テスト」や「資格・検定試験」の活用も検討する

改革4：教科書・教材の充実
　①小学校高学年では ICT 活用も含め必要な教材などの開発・
　　検証・活用を行う
　②説明・発表・討論などの言語活動を含める教材にする
　③国において音声や映像を含む「デジタル教科書・教材」を
　　導入する
　④ICT 環境を整備する

改革5：学校における指導体制の充実
　①現職教員への研修は教育委員会と大学などの連携体制で行
　　う
　②校長が中心になって英語教育を推進する
　③小中の連携のために合同研修会などを行う

④小学校中学年の指導は ALT などを活用して担任が行う

⑤小学校高学年の指導には学級担任が指導力を高めて行うが，併せて専科教員の指導も検討する

⑥2019（平成31）年までにすべての小学校に ALT を配置する

⑦大学の教員養成におけるカリキュラム開発・改善を行う

## （2）文科省の「英語教育改革の背景」への私感

　「英語教育の背景」の中で語られている「アジアの中でトップクラスの英語力を目指すべき」という言葉は何を目的にして小学校以降の英語教育を考えているのか，強い疑問を感じます。外国の英語教育と比較する意味がどこにあるのでしょうか。アジアの国の中には英語を公用語として，または生活言語として使用している国がいくつもあります。それぞれの国の事情によって，英語教育の目的や目標，学習方法はまったく異なります。その違いを無視して，「アジアの中でトップクラスの英語力を目指すべき」という言葉からは，太平洋戦争時代の日本の思想さえ感じてしまいます。教育は戦争でも，闘いでも，ゲームでもありません。少なくとも他の国の教育と比較して勝ち負けを判断するようなことではないと思います。

　また，東京オリンピックとパラリンピックの開催と教育の根本とにどのような関係があるのでしょうか。2020 年に東京オリンピックとパラリンピックがあることは事実ですし，そのことについて異論を述べようと思ってはいません。

　しかし，小学校学習指導要領が施行された 5 か月後には東京オリンピックやパラリンピックは終了します。中学や高校の学習指導要領が施行される時には，すでに東京オリンピックやパラリンピックは過去の出来事になっています。そのような一過性のイベ

ントを教育の目的と関連付けることが理解できません。オリンピックやパラリンピックで教育が左右されるようなことは，あまりにも教育の重要性や実践の困難さを理解していないと思えます。

改革案についての疑問点もたくさんありますが，小学校英語関連の部分については次章で詳しく述べていきます。


# 5. 小学校英語の役割の見直し

## （1）私と小学校英語との出合い

私は私立高校の英語教員として教壇に立ち，その後勤務校の中高一貫教育の開始によって，中学校でも英語を教えました。中学と高校で 14 年間教えた後，同法人の大学に移動しました。

しばらくして，理事長（幼稚園園長，小・中・高校長，大学学長を兼務）から命じられて，大学との兼務で小学校の英語教育の立ち上げをすることになりました。

1994 年 4 月から，4 年生 3 クラスを対象とした週 1 単位時間の英語教育を開始しました。準備期間が 1 か月しかなかったため，海外の出版社が作成した市販の教材を使用して授業を行いました。しかし，英語の単語や表現の練習が主な活動でしたので，最初に長期間の海外滞在経験のある児童が活動に飽きてきて，それを追うように他の児童も興味を失い始めました。

2 年目は 4 年生と 5 年生，そして 3 年目は 4 年生から 6 年生に週 1 単位時間の授業を行いました。どのような授業をしたらよいか真剣に模索する中で，英語は言語であるから話し手が意味を伝える必要があると感じ，児童が興味を持てる内容について英語で伝えるような授業を考えました。

すべての児童に共通していることで，しかも児童の興味を引く

ことは何かと考えて，他の教科の授業内容が適していることに気が付きました。自分自身の空き時間には他の教科の授業を見学することにしましたが，大学での授業も担当していたため，空き時間が少なく，多くの授業を見ることはできませんでした。

そこで考えたのが，全学年，全教科の教科書の読破でした。これは非常に時間がかかり大変な作業でしたが，小学校教員の免許もなく，児童の学習状況も理解していない私にとっては，結果として実に効果的でした。中学校以上の教師は自分の教えている教科以外の教科への関心は低いということを強く感じました。

この教科書読破を経験して以来，小学校英語教育でめざすべき方向がなんとなく見えてきたような気がしました。小学校英語教育においては，小学校の学習活動全体の特徴を十分に理解して，さらに，小学校だからこそできる英語教育をめざすべきだと感じ始めました。

そして，それ以来，児童に英語で伝える内容（中身）のある英語教育の授業づくりに専念してきました。この方法だと，海外帰国子女のように英語の運用力の高い児童でも，話題になっている内容に興味を示し，満足感が得られる授業になるようでした。また，教師が使用する英語の語彙や文章を限定することで，初めて英語活動を体験する児童も理解できて楽しめる活動になりました。

これを機に「内容を重視した英語教育」の実践を開始してその向上に努めてきました。この教育方法は自分自身が受けたことのない方法でしたし，児童の学習成果がどの程度あるのか心配はありましたが，自分が決めた第1の目標である，児童の「聞く力」を伸ばすためには有効であるという実感を徐々に持ち始めました。

しかし，自分が小学生に対して行っている英語教育が果たして

理に適っているのか，また効果はあるのかなどの心配が起こってきて，その不安を払拭したいという気持で，自分の考えや実践を発表してみようと思いました。児童英語教育関連の学会での発表を皮切りにして，いくつかの助成研究に次々に応募しました。

　その結果，それまでに実施されたことのなかったタイプの英語教育であることを評価されて，英検助成研究や科学研究費助成研究，そして読売教育賞などを手にすることができました。このことは私が実践している英語教育が大きな間違いを犯していないという安心感をもたらし，さらに実践や研究を進めるための大きな支えになりました。

　その後，NHK の番組，『スーパーえいごリアン』の編集委員や初代『プレキソ英語』の監修，さらに『えいごでがんこちゃん』の英語監修，テキストやホームページのアイデアづくりにもかかわらせてもらったりすることで，一つの小学校での英語教育の実践が他の学校の児童にも広がっていくことのうれしさを感じました。

　私が実践してきた形式が小学校英語の実践方法のすべてだとはまったく考えていませんが，小学校英語の実践方法として重要な実践方法の一つであることは証明された気がしました。また，日本の英語教育ではほとんど見られなかった形の学習方法であり，児童の言語学習の一環として非常に重要な役割を担っているという実感があります。第2章以降でその詳細を語ります。

## （2）小学校英語が果たせる役割

　私が実践してきた中で，小学校英語が小学校教育の中で効果的な役割を果たしていると感じる場面がたくさんありました。それは英語教育を個別に見るのではなく，小学校教育全体や児童の生活とのかかわりの中で見たときに，児童にプラスの影響が見られ

たということです。単に英語教育にとって効果的かどうかについてはもっと長い目で追跡してみないとわかりません。

　小学校英語に対しての種々の反対意見がある中で，それを否定するのではなく，異なった視点から判断した場合，利点になることも多くあることを感じます。その代表的なものを以下にあげます。

### ①国語教育との関連として

　現在の小学校国語教育で児童につけたい力として話題になっているのが「聞く力」です。近年「コミュニケーション」という言葉の広がりが国語教育にも波及し，人とのやり取りの中でいかに語るかが重視され，人前でのスピーチの方法や技術についての指導が重視されるようになりました。その中で，発信力を高める必要性に注目が集まり，発信型の国語教育に移行したことで，受信力が軽視されてきたことが原因と考えられます。

　日本語で語られることに対しては，児童も聞いていればわかるという気持でいますので，注意して聞き取ろうとする感覚が薄れてきてしまっているのでしょう。しかし，人の話を聞き取り理解するには本当は非常に高い「聞く力」が必要になります。その「聞く力」を高めるためには「聞こうとする意志」が高まらなければなりません。

　その「聞こうとする意志」を高めるためには，わからない言葉で語られる場面に遭遇することが効果的です。そして，英語教育がその役目を果たすことができます。児童は英語がわからないと感じていると，一生懸命に聞こうとする気持になります。そして聞き取れたわずかな語句から話者が伝えようとしていることを読み取ろうとする意識が高まります。

　幼児の時に母親などが話す日本語を聞き取りその意味を類推し

ていた時の気持が，英語で語られていることを集中して聞くことで再び甦ってきます。そして，「コミュニケーション」の原点が人の話を「聞くこと」であることを再認識するきっかけになります。国語を学ぶ中ではすでに通り過ぎてしまってきたことを，英語を学ぶことで再び体験します。これは国語教育への影響が大きいものと思います。

　小学校での英語教育が話題になって以来，常に国語教育対英語教育の優先争いのようになっていましたが，本当は，小学校での国語教育と英語教育が手を結んで，児童の言語教育という点での合科的な活動を検討してその実践ができれば，間違いなくその後の生活における言語観に変化が生まれるはずです。特に，この結びつきは小学校で行われるべきであり，小学校でなければできない特殊な教育です。

## ②他の教科との関連として

　英語は情報伝達の道具ですから，国語教育と同じように，伝える内容によってどの教科ともつながることができます。国語で扱われているものは，理科的な要素でも社会科的要素でも，また音楽でも家庭科でも体育でも遊びでもどんなことでも関連しています。同様に，英語教育においても語る内容や読む内容を何にするか決めて，その内容を英語の学習の素材として持ち込めれば，他の教科とのつながりは確実に成り立ちます。

　ただし，英語教育は英語の表現を覚えることである，という観点で実施される英語学習ではこのようなことは成り立ちません。教師が語り，児童が聞くという活動が小学校英語にとって大変重要な活動です。そして，その語る内容を他の教科の学習内容と結びつけることで，全児童に共通した話題が生まれます。

　算数の例を一つあげると，数については簡単につながりができ

ます。同じ「1」という数字を見て「いち」と言うか「one」と言うかの違いだけですからまったく苦労はありません。ただし，千や万の単位が登場する場合には，算数の学習との違いもあります。小学校の算数では3位カンマを使用しません。これは，日本語の場合には万と億が大きな数の区切れ目になりますので，3位カンマでは対応できないからです。

英語では数を読むのに3位カンマが必要になりますし，日本でも一般的には3位カンマはどこでも使われています。小学校では3位カンマを使うと，大きな数の言い方がかえってわかりにくくなることを懸念して避けているのです。しかし，これから英語教育が導入されるならば，少なくとも3年生以上の算数では3位カンマを使用することを検討する必要があります。

今までに小学校の先生や中学校の英語の先生に対してワークショップを行った際に，7桁や8桁などの大きな数を私が英語で言い，その数を書きとってもらう活動をしたことが何度かあります。驚いたことに，中学校の英語の先生たちでも80％ぐらいの人は書けないということです。私も中学校や高校の教師をしていた時には書けなかったような気がします。

理由は，一番右にあるカンマが thousand のカンマで，次が million のカンマであることが理解できていないからです。3桁の数字を聞き取ってから，million や thousand が聞こえた時に，カンマを打てばいいというだけになります。例えば英語で one million two hundred thirty-four thousand five hundred sixty-seven と読まれたのをそのまま書き取れば，1,234,567 と書けます。英語で言われた数を聞いてその数を書きとめることや，数を見て英語でその数を言うことは，英語を使う場合に日常的にあります。今までの英語教育は，生活の中で使われることを想定していない英語教育だったのです。

小学生にこの説明を英語で行い，ちょっと実践をすれば，3桁までの数の言い方を知っている児童ならば，5分ほどで理解できます。しかも，一度理解すれば何年たっても使えます。小学校で私が英語を教えた児童が大学生になったとき，その学生はなんの苦もなく大きな数を読んだり書いたりしていました。ただ，いつ誰から学んだかは覚えていませんでした。それでいいのだと思います。

　算数は英語教育との相性がよく，英語教育に算数を活用するだけでなく，算数教育に英語を活かすことも十分に可能です。そして，その数の言い方を山の高さや川の長さを示すのに使えれば，社会科の地理との関係ができ，地球の大きさや太陽と地球との距離に活用すれば，理科とのつながりも発生します。

　複数の教科が相互につながる活動としては，トウモロコシを育てる活動を理科で行い，英語ではトウモロコシの原産地やその種類，トウモロコシから何がつくられるかなどについて学び，家庭科では使用済みの油の処理を学習し，育てたトウモロコシを使って英語の指示でポップコーンをつくる活動をしたことがあります。見事に三つの教科が合体した学習になりました。英語と他の教科が結びつくことが可能なだけでなく，複数の教科が英語をつなぎとして結びつくことも可能であるという例です。

　英語学習の中に他の教科の学習内容を取り入れることで，それぞれの過去の学習の復習になる場合もあります。3年生の社会科の学習に地図記号がありますが，この地図記号を見せて，その記号が表すものを英語で言うという活動をしました。場所の名称の英語での言い方を覚えるだけでなく，3年生で学んだ地図記号の復習になりました。こういった実践例については第3章で具体的にお話しします。

### ③日常の中にある英語（外国語）への理解として

　日本人の生活の中には英語がたくさん存在しています。身の回りにたくさんの英語があることを児童に気付かせると、同時に他の言語に由来する外来語についても意識させる機会になります。かつて、5年生と6年生に、夏休みの自由課題として身近にある英語を仮名文字でノートに書いてくることを提案したことがあります。意外にも児童は興味を持って、家族も巻き込んでたくさんの英語と思われる言葉を探してきました。

　その中には、ランドセルやシュークリーム、パン、コンクールのような英語以外の外来語や、シャープペン、ボールペン、エアコン、ホッチキスのように日本でできた「英語もどき語」もたくさんありました。これらの英語ではなかった言葉を除き、発音は英語とは多少異なっても英語として使われている語で、しかもほとんどの児童が理解可能な言葉が、少なく見積もっても700語以上はありました。児童の身の回りにたくさんの英語があることを認識させるのにはいい課題でしたし、それらの英語の言葉はそのまま英語活動に使えるため、活動の幅がぐんと広がりました。

### ④異文化理解の入り口として

　英語に触れることで、それが使われている国の文化に触れることができます。小学生が学ぶ英語の語句からも文化的な違いが見えてきます。例えば、「兄弟」を表す日本語には「兄」と「弟」という年齢の上下を明示する言葉があります。同じように「姉妹」や「叔父・伯父」「叔母・伯母」も年齢の上下の違いを示しています。しかし、英語では兄弟は兄でも弟でも brother ですし、姉妹も sister、叔父や叔母でも伯父や伯母でも uncle と aunt です。

　日本では年上か年下かが重要であるのに、英語では重視していないことがわかります。一方、日本語では「義理の弟」でも「弟」

と言ってしまいますが，英語では明確に brother-in-law のように血縁関係がない点を重視します。

　お米のことを英語では rice と言いますが，日本では「稲」「米」「ごはん」のように形が変わると違う言葉になります。一方，日本語では「牛」の「肉」は「牛肉」ですが，英語では「牛」は cow や ox という牡牛と牝牛で異なる言葉があり，さらに牛の肉には beef というまったく違った言葉があります。豚肉も pork という別の言葉になります。その国の人にとって大切なものには多くの言葉があることが理解できます。アラビア語にはラクダを示す言葉がたくさんあるそうですが，それも同じ理由なのでしょう。

　わずかな言葉の中にも文化の違いや価値観の違いが見えてきます。英語に触れることで他者理解や異文化理解の世界が広がっていきます。もちろんそれは壁にあいたほんの小さな穴のようなものですが，小さな穴でもそばに近づいてその穴を覗くと外の景色はしっかり見えます。このような異文化の穴をたくさん示すことが英語学習では可能です。

## 6. 小学校英語が担うべきこと

　日本の庶民の子どもが集団で学ぶ機会を得たのは，江戸時代に始まった「寺子屋」教育でした。江戸時代の末期の安政から慶応年間には 16,560 の寺子屋があったと，『日本教育史資料』（文部省）に書かれています。当時，日本の人口が約 3,000 万人程度であった時代に，現在の小学校数に近い 16,560 もの寺子屋があったことが，この時代の日本人の教育に対する意識の高さを示しています。

　寺子屋での学習内容は「読み・書き・そろばん」と言われるように，文字と計算の学習が中心でした。特に寺子屋における文字

の学習によって，当時，世界の文化の最先端だったロンドンやパリの人々の識字率が30％ほどしかない時代に，日本人の識字率は80％を超えていたと言われています。

　後にトロイの遺跡を発掘したドイツの考古学者，ハインリッヒ・シュリーマンが1865年に日本にやってきました。その時に日本人の識字率の高さに驚いて，「日本では，男も女もみな仮名と漢字で読み書きができる。」と『シュリーマン旅行記　清国・日本』（講談社学術文庫）に書き残しています。

　その時代に必要なことを学ぶことが時代にあった学びだということがわかります。当時はそれが「読み・書き・そろばん」だったわけです。しかし，時代によって，学ぶべきことは常に変化しています。コンピュータが存在しない時代にはコンピュータについての学びはありませんでした。これからの10年後や，20年後には，コンピュータの学習以上に想像できない変化が訪れてきます。それに伴って，子どもたちが学ぶ必要があることが大きく変化しています。

　社会の変化のスピードが驚くほど速くなっていますので，今必要だと思われている教育内容では，児童が大人になった時にそれが役に立つかどうかわかりません。ですから今の知識を大量に覚え込ませるような教育では対応できないということになります。

　したがって，大切なことは，人に教わるのではなく，自分で「知りたい」「やりたい」という気持を持てる子どもにすることです。そして，「知りたい」や「やりたい」気持を実現に向けて高め，自らが工夫をして，知りたいことを知り，やりたいことができるようになろうとする気持を高めてやることが，そのための教育です。

　時代が変わると「知りたい」や「やりたい」ことの内容は変化しますが，「知りたい」や「やりたい」という気持は変化しません。

今までは,「知るべきこと」「やるべきこと」を大人が指定して,「教える」「やらせる」教育で進んできましたが, これからの時代に適した教育は「知るべきこと」「やるべきこと」を自分で探し,自分でやろうとする意志を強く持たせるための教育に変換しなくてはなりません。

このような時代の中で, 小学校英語が進められるのですから,これも根っこの部分から大きく変化させることが必要です。私たちの受けてきた「教えられる英語教育」を早く抜け出して, 児童自身が「やってみたい」と心から感じられる英語教育にする必要があります。これからの時代には今まで以上にさまざまな場面で英語が必要とされることが予測されます。しかし, 今までの日本の英語教育ではそれに対応することは非常に難しいと感じています。時代は日本の英語教育を, 少なくとも, 入試のための道具から, 人間同士のつながりや世界の平和のために使う道具へと変化させることを要請しています。

小学校英語に求められることは, その土台になることです。土台を変化させればその上に建つ壁も屋根も変えざるを得ません。壁や屋根に合わせた土台ならばつくり変える必要はないわけですが, それでは小学校英語を実践する意味など何もありません。

この土台づくりには, 新しい考え方と, 新しい目的や目標と,新しい教材と, 新しい指導者と, 新しい環境が必要です。これらをどのように創りあげていくか十分に検討しなくてはなりません。その具体的な検討材料の基になるものがどのようなものであるかについて, 次章からのページで語ります。

# 第 2 章

# 小学校英語
# 成功のための基本事項

# 1. これまでにもっと考えておくべきだったこと

## （1）目的について

　小学校英語の成功のために最も基本であり，最も重要な点は目的と目標を明確にすることです。小学校英語教育の最大の目的は「小学校教育の充実」です。結果として，多少，その後の英語教育にも貢献できることがあれば，英語教育としても非常にありがたいことだと考えるべきです。小学校の4年間でたった210単位時間の英語教育や活動を行ったからといって，突然英語を話したり読んだり書いたりすることが簡単にできるようになると考えているならば，それはあまりに軽薄なことです。

　英語運用力を高めるならば，今後，小学校で行う4年間で210単位時間の学習時間を，そのまま中学校の英語の学習時間に注ぎ込むほうが効果的です。中学校での英語教育の週当たり学習時間は約6単位時間になります。それに加えてさらに2単位時間ほど増やせば，間違いなく中学生の英語運用力は見違えるように変わるはずです。もちろん今までのような高校入試対策の授業を増やしたのではその効果は出ないと思いますが，それだけ時間を増やせば，学習内容も学習方法も変化するはずです。また、教師の指導への意気込みや対応も変わるはずですから，ある程度の効果は期待できます。

　小学校まで巻き込んで英語教育の推進をめざしているのは，グローバル化という言葉で示されているように，日本の経済的対応力の低下が主な理由です。日本の経済が高い位置で安定していた時期には，企業が中心になって英語も使える社員を育てていました。しかし，経済力の低下によってその力がなくなってしまったことで，企業が大学にその代役を期待し始めました。大学の4年間では結果が出ないため，さらに高校と中学校にその役割を負わ

せ，そして最後に小学校にまでその手を伸ばしてきたのです。

　これからの時代には，英語がさらに重要になってくることは間違いありません。英語を学ぶ必要性は高まりますが，しかし，そもそも教育は国の経済力を高めるために行うことを主目的にしていません。教育の目的は人を育てるということです。しかも，幼稚園から大学までの各学校種は，それぞれの特徴的な役割を持って学習者に対応しています。一つの教科だけの都合で教育全体が動いていくことはありません。

　小学校英語教育の目的は「小学校教育の充実」であることをまず意識する必要があります。小学校教育を考える場合，各教科を独立して考えるのではなく，合科的な考えで教える必要があります。

　私は小学校教育を「肉じゃが」に例えています。主役のじゃがいもが国語，肉が算数，玉ねぎが社会，にんじんが理科でしらたきが音楽，体育は醤油で図工は砂糖，家庭科がお酒です。もし，あと一点調味料を増やすならば「みりん」でしょう。もちろん「みりん」が入らなくてもある程度おいしい「肉じゃが」になります。しかし，「みりん」が入ることで，味も見た目もさらに良くなるはずです。この最後に入れる調味料の「みりん」が英語教育にあたります。「肉じゃが」はそれぞれの素材の形を維持しながら，相互にいい味を出し合って一つの料理として完成されていきます。最後に加わる「みりん」は他の素材を引き立てる脇役であることが重要です。「みりん」だけが目立つ「肉じゃが」は決しておいしい料理とは言えません。

　例えば，1年生で登場する漢字は80字，そして2年生では160字に増えます。その2年生の漢字の中に「午」という文字があります。この文字は午前や午後の「ご」として登場しています。しかし，干支の「うま」を表しているという点については2年生で

は示されていません。

　なぜこの文字が2年生の漢字として指定されているかというと，2年生の算数に「時刻」が登場することとの関連性があるのではないかと想像できます。ちなみに，「前」も「後」も2年生での配当漢字です。たぶん算数の学習内容を意識した上で，国語の漢字配当が考えられているのではないかと思います。

　各教科が意図的にどこかでつながっているということが小学校教育の原点です。そして，現場の教員の仕事として重要なのは，教科指導においてそれぞれの教科を結びつけることです。教科の相互作用によって，総合的に学習を行っていくことが小学校教育で大切なことです。

　その点からすると，英語教育が小学校教育の何を変化させることができるか考えることが大切です。「肉じゃが」教育のために，英語教育が何を担えるかをしっかりと理解してから英語教育の目的を再考すべきです。

　そして，その後で，それに引き続いて中学校英語教育をどのように進めるか，さらに高校の英語教育をどのようにするかを考えるべきです。文科省はどうやって現状の中学校の英語教育の下に小学校英語を組み込むかばかりを考えているように思えます。少なくとも小学校から英語をはじめるならば，小学校英語がスタートになり，それに合わせて中学校が変わり，続いて高校に伸びていくべきだと思います。家は土台から計画して建てます。屋根から建てる家などあり得ません。大学入試を変化させれば下が自然に変化するというような計画ではしっかりとした家は建ちません。

　教育改革にとって最も重要なことは教師の意識改革です。現状では現場にいるほとんどの小学校教師は小学校での英語教育を望んでいません。しかし，今までの四半世紀で私は多くの小学校の

教師と小学校英語についてたくさんの議論をし，実践の手伝いや，活動例の提案などをしてきました。その中で，公立小学校の教師が小学校教育に適したすばらしい英語教育の実践を行っているのをたくさん目にしてきました。

　そのような教師になるために絶対必要なことは，小学校で英語をなぜ行うのかということについて「納得」することから始まっています。この「納得」さえあれば，彼らは十分な力を持ち，最大限の努力をし，さらに児童にしっかりと寄り添いながらすばらしい活動ができます。みんなまじめで一生懸命な教師ばかりです。

　文科省はありとあらゆる力を駆使して英語教育実施について教師たちを「説得」しています。しかし，教師たちは決して「納得」していません。教育学者の大田堯氏は著書の中で，「一般に私たちの社会では，納得を求めるより，説得を試みる，さらに説得をこえて強制をする。そのことを教育と同一視する傾向が強いのです。役人は規則をたてに人びとに説得的姿勢でのぞむことになじみきっています。」（『教育とは何か』岩波新書）と語っています。文科省が説得的にまたは強制的に教師に対応することで，教師も児童に対して説得的または強制的な教育を行うのではないかと強く懸念しています。

　もう一つ注意すべきこととして，民間の英語教室でめざしていることと，公教育でめざすことをきちんと区別して考えるべきだということです。特に，英語教育は民間での指導が先行していますので，目的や目標，そして教材に対しても多彩なものを持っています。しかし，それはその目的や方法などに賛同して授業料を支払っても行きたいと思う子どもや，行かせたいと思う保護者が選択するものです。公教育の状況とはまったく異なった条件になります。

　公教育における小学校英語の目的は「小学校教育の充実」であ

るということを再確認してから実施すべきです。

## （2）目標について

　目的は遠くにあって時間をかけてそこまでたどり着けるようにめざすものであり，どんなことでも目的達成の段階にそう簡単にたどり着けると考えるべきではないと思います。

　目標はめざすものに向かうための道筋を示し，そこに向かう通過すべき地点を示しているものです。そして，小学校教育のどの教科の目標もできるだけ小さな間隔で用意されるべきです。児童の学習へのモチベーションはそれほど長く継続しませんし，ちょっとした障害があっただけで，先に進むことをやめてしまう児童もいるからです。

　めざすところまで進む道には，大きな段差がないことが重要です。できれば段差はなく，極めて緩やかな坂道，坂を登っている意識を持たないくらいの坂道がいいでしょう。もちろんそのためには最終の目標も高くしないことです。最終の目標地点が高ければ，急な坂道や階段を用意しなくてはなりません。それでは坂道の途中や高い階段を登れなくなる児童がたくさん生まれてしまいます。小学校の各教科の目標はそういった配慮のもとに設定されています。小学校英語も同様にすべきです。

　現状で文科省がめざしている最終目標はあまりにも高すぎます。4年間でたった210単位時間しかないのに，英語を聞いて話して，そして読んで書くことまでを要求しています。あまりに身勝手か無知としか言いようがありません。目標として言うことは簡単ですが，言われた教師たちはやらなければならないと思い込んでしまいます。「絵に描いた餅」をなんとか本当の餅だと信じようとして，一生懸命に頑張るはずです。しかし，すぐに自分自身が疲弊して，児童に向かって楽しく英語学習をしましょうなど

と言えなくなることが目に見えています。児童や教師の実情を無視した目標の設定が，短期間で小学校英語を破壊してしまう可能性があります。

　また，目標は具体的で明確でなくてはなりません。目標の裏側が評価になりますので，目標が抽象的であれば評価も抽象的になります。抽象的な評価しかできなければ，教育の成果も問題点も見えてきません。児童の学習評価以前に，実践する小学校英語そのものに対する評価が行われる必要があります。最悪のシラバスと最悪の教材で，効果的でない授業を教師力の低い教師が行ったら，その授業に対する児童の学習態度や知識・技能などの評価はいったい何を意味しているのかということです。評価に値する授業が行われた上で，児童の学習評価が成り立つということです。

　2年間だけの使用となった『We Can!』の各単元の目標は，英語の語句や表現を記憶させて，オウムのように繰り返し言うことだけとしか思えません。児童を英語の言葉も覚えたオウムにしたいのでしょうか。『We Can!』は間もなく使用しなくなりますので，あまり深く考えないようにしていますが，今後使用することになっている教科書が多少なりとも改善されていることを願っています。

## （3）シラバスについて

　シラバスとは指導者にとっては「実施する授業の内容とその順序」であり，学習者にとっては「学習する内容とその順序」になります。すなわち，目標を具現化して学習者が何をどの順序で学ぶかを明示したものです。

　シラバスという言葉をインターネットで検索すると，英語教育に関することではなく，外国人向けの日本語教育に関することについての記載が非常に多くありました。日本語教育でシラバスが

話題になっているのは，日本語を学ぶ外国人が急速に増え，その対応としてより効果的な日本語教育の方法が話題になっているのだと推測できます。

英語教育では戦後70年以上の教育の形態が保たれているため，指導の原点であるシラバスについてあまり話題にならなくなっているのでしょう。しかし，新しい目的に向かって英語教育を再スタートさせ，小学校英語が教科化されたことをきっかけとして，今までの指導方法に慣れ切った指導者側の状況を振り返り，学習目的の変化や学習者の状況に合わせたシラバスについて再検討する必要があるはずです。

何のために学習をするのかという目的の違いによって，学習の内容や方法は異なります。学習の目的に適した目標設定があり，それに合わせた学習が必要になります。その指導または学習の計画案がシラバスです。

例えば，1か月後にハワイに旅行をする人が，現地では自分一人でタクシーに乗ったり，電話でレストランのテーブル予約をしたり，買い物も自由にしたりしてみたいと希望している場合，そのための効果的な事前学習としての学び方はいったいどのようなものが適しているでしょう。中学校の教科書のように，be動詞や一般動詞の使い方や不定詞や関係代名詞というような文法的な学習からスタートするのでしょうか。

たぶんこの場合は，旅行ガイドブックなどに載っている，場面別に使う可能性がある英語表現を覚えることから始めるのではないでしょうか。旅行中に自分が英語を使う可能性のある場面を想定して，その場面で使用する英語の表現練習を行うはずです。このような学習に適したシラバスは場面シラバス（situational syllabus）です。しかし，このシラバスを現在の高校入試を目的とした学習に用いると，間違いなく不十分な学習となり，目的を

果たすことはできないでしょう。

このように，英語を学ぶ目的によって，異なったシラバスが必要になります。シラバスにはたくさんの種類がありますが，その中で特徴的なシラバスを紹介します。

### ①場面シラバス（situational syllabus）

上記のように旅行中などの限定された場面で英語を使いたいと思っている人が，できるだけ早く必要な英語を学ぶために最適なシラバスです。遭遇する可能性のある場面に必要な表現を覚えておくことで，その表現の解説が文法的にできなくても英語を使って自分の意志や希望を伝えることができます。このシラバスの長所は，短時間で一定の効果を上げることができることです。しかし，相手からの返事を聞き取る訓練が不足しているため，自分の伝えたいことだけは言うことができますが，予想された返事以外のことを言われると聞き取れないという短所があります。

### ②文法シラバス（grammatical syllabus）

文法項目に従って学習をするシラバスで，文法事項の配列が易しいものから徐々に難しいものへと進んでいくことが特徴となっています。文法に重点が置かれているため，言語の知識を理解するのには効果的です。表現や知識が正しいか正しくないかを問うようなテストには適しています。しかし，学習した文がどのような状況下で使用されるかなど，実用的な場面での使い方を学習者が理解しにくいという欠点があります。

### ③構造シラバス（structural syllabus）

このシラバスは英語の文構造に焦点を当てて学習をする方法です。SVO や SVOC などのように文型や動詞の使い方による分類

にもとづいて学習が行われるシラバスです。長所としては，正しい文構造によって英語が使えるようになります。短所としては学習が機械的な練習になるため，おもしろさを感じないという点があります。このシラバスによる学習も正誤がはっきりしているため，テスト作成には楽なシラバスだと言えます。現状の中学校の教科書は主に②の文法シラバスと，③の構造シラバスを組み合わせてつくられているものが多いです。

## ④機能シラバス（functional syllabus）

　言葉の機能，すなわち「あいさつ」「依頼」「質問」「謝罪」「拒否」などの言葉のはたらきによって分類して学習するシラバスです。例えば，「依頼をする」という項目では，Please give me....や Will you give me...? Can you show me...? などの表現をまとめて説明したり覚えたりする活動を想定しています。場面シラバスと同様に即効性はありますが，使う機会がない人にとってはただ表現を覚えるだけの活動になってしまうという欠点があります。

## ⑤話題シラバス（topic syllabus）

　話題シラバスは「天気」「料理」「季節」のような個々の話題を設定して，その話題について，英語での説明を聞いたり，質問に答えたり，さらに実践的に料理をしたりしながら言葉の使い方を学ぶシラバスです。話題になっていることへの興味が高まることで英語を聞く力が高まります。欠点としては文による表現を覚えることを主な活動にしていないため，短時間では学習効果が表面化しにくい点があげられます。一般的には大学などの高度な学習方法として使われているシラバスです。

## ⑥混合シラバス（mix syllabus）

　教科書などの教材は単一のシラバスでつくられている場合もありますが，多少なりともいくつかのシラバスを組み合わせてつくられているものが多いです。これを混合シラバスと呼んでいます。それぞれのシラバスの欠点を他のシラバスで補うことで効果的な学習にする意図がありますが，同時にそれぞれの長所を弱めてしまうという欠点もあります。

　では，学習者の状況や希望に適した英語の学び方について考えてみましょう。学習者は5人います。それぞれの学習者に適した学習のシラバスを考えてみてください。

### 学習者①

　自宅の近くにアメリカ人が引っ越してきました。その人と親しくなって，ゴミ出しの方法などの地域の決まりを伝えて，その人が生活しやすいようにしてあげたいと思っています。高校まで英語教育は受けてきましたが，その後は実際に英語を使うことはほとんどありませんでした。何とか英語で話をしたいと思っています。

### 学習者②

　英語の学習は大学までやってきました。1年後に海外に転勤する予定で，英語を使って仕事をすることになります。仕事では特に英語で書類を書いたり，メールでやりとりをしたりすることが多くなります。生活上の会話は何とかなりますが，文章を書くのが苦手でちょっとした間違いが多くあり，正しく伝わる英文を書けているか不安です。間違いの少ない英文を書きたいと思っています。

### 学習者③

中学3年生です。定期試験が間もなくあります。今度のテストの範囲には関係代名詞が入っています。関係代名詞の使い方について学んでおく必要があります。また，あと半年で高校入試もありますのでいい点をとって第一希望の高校に入りたいです。

### 学習者④

今，特にすぐに英語を使うことはありません。英語で話されていることを聞いて，その人がどんなことを話しているのか内容がわかるといいなと思います。映画を見て日本語の字幕がなくても内容が少しでも理解できれば最高です。さしあたって，英語で質問されたらその意味が理解できて，簡単な英語で返事ができればうれしいです。

### 学習者⑤

高校卒業まで6年間英語を学んできましたが，それ以外で英語は今までほとんど使ったことがありません。来月一人でアメリカ西海岸に旅行に行きます。団体ツアーではないのでホテルやレストランでの対応は自分でしなくてはなりません。出発までに何とか少しでも英語を学んでいきたいです。

解答例は以下のようになります。ただし，条件の変化や学習者の英語運用力によっては解答が変わる場合もあります。一般的な例としてとらえてください。

学習者①　機能シラバス

学習者②　構造シラバス（文法シラバス）

学習者③　文法シラバス（構造シラバス）

　＊学習者③については学習者の受験する高校の問題傾向（英

語での面接試験があるなど）によって適するシラバスは変わります。

学習者④　話題シラバス
学習者⑤　場面シラバス

　文科省は3年生から6年生までの教材作成に伴ってシラバスを作成していますし，それを公開もしています。しかし，どのシラバスを主にして英語学習を行うかという点での議論が不十分なまま，シラバスが示されてしまいました。

　文科省が小学校から高校までの英語教育でめざしているのは「使える英語」です。高校入試や大学入試の対策のためではない英語教育にしたいと願って新しく学習指導要領も書き換えたはずです。しかし，発表されたシラバスを眺めてみると，目的や目標とめざしているものが異なるシラバスになってしまっています。基本的には，文法項目を主にしてはいませんが，表現練習を主にして，児童に練習に次ぐ練習をさせて，その表現を覚えることを強いる活動にしかならないような，機能シラバスや構造シラバスに準じた活動を行うシラバスになっています。

　今までの英語教育と結局何も変わらない，ただ表現練習でしかない，児童にとって現実性の低い活動にしかならないシラバスです。目的を新しくしたにもかかわらず，結局今までと同じ英語の授業が繰り広げられます。

　さらに困ったことに，提示されたシラバスは，現場の小学校の先生が中学生の時に受けてきた英語教育と同じ形式ですから「英語教育とはこのスタイルで行うもの」と妙な納得をしてしまっていることです。新しい教育には新しい目的と目標，新しい道具と，新しい考えを持つ指導者が必要です。今までと同じような英語教育ならば小学校で行うべきではないという，大津由紀雄氏や鳥飼

玖美子氏の反対論の意見が耳元に聞こえてきます。

## （4）教材について

　目標を明確にするものがシラバスで，その学習を具現化するものが「教材」です。「教具・教材」のように使われる場合がありますが，一般的には「教具」は教授や学習を効果的に行うために使用する道具のことで，掛図・標本などのほかテレビやプロジェクター，パソコンなどの道具のことを示します。

　一方，「教材」は学習内容となる事柄をさす場合と，そのために媒体として用意されるものを示す場合があります。教材研究と言う場合の「教材」は前者の学習内容となる事柄をさしますが，教材作成の場合には後者の媒体となるものを示しています。

　以前は本や冊子，プリントなどの紙でできているものを「教材」と呼んでいましたが，最近では電子媒体などがたくさん登場していますので，教材と言ってもかなり範囲が広くなっています。テレビ放送や NHK for School などのサイトや You Tube も使い方によっては教材の範疇に入ると思います。したがって，何を「教材」と呼び，どのように使用するかを限定するのは極めて難しいと言えます。

　教材を作成するには目的が明確であることが第一条件です。次にその目的に近づくために目標を設定し，その目標を学習活動として具現化するために，シラバスを作成する必要があります。シラバスを具現化するのにふさわしい教材がつくられなければなりません。

　したがって，小学校英語ではどのようなシラバスを使用するかという点についての議論がもっと必要で，その議論の末に決まったシラバスに基づいて教材作成が行われるべきです。シラバスが画一的であれば教材も画一的になります。小学校英語のスタート

にあたっては，もっと多様性のあるシラバスと教材が必要だったと思います。

以前，NHK の E テレ（当時は教育テレビ）の『スーパーえいごリアン』という番組の編集委員をさせていただきました。この番組の放送開始 2 年前に『えいごリアン』という番組の放送が始まっていました。『えいごリアン』は 3，4 年生向きの番組で，『スーパーえいごリアン』は 5，6 年生向きの番組として制作されました。

『えいごリアン』は毎回の番組に一つの表現が設定されていて，その英語表現の意味や使い方を提示して，視聴者の児童が表現を理解していくことをめざしたシラバス構成になっていました。

しかし，『スーパーえいごリアン』のシラバスは，英語表現が基本ではなく，それぞれの回に対して一つの話題を組み込み，その話題についての活動を行って，語句や表現を聞いて，話されている内容を類推しながら，話題に関連する語句や表現にも触れることをめざした番組でした。

これらの二つの番組は，どちらも児童が英語に興味を持つことを目的にして制作された番組ですが，その方法は大きく異なっています。どちらがいいということではなく，目的に向かう道筋に違いがあるということです。目的に向かう方法としてこのように異なる道筋もあることを理解すべきです。単一の方法だけしか持たない教育は，一気に崩壊の危険があるということです。これが多様性の理論です。

この二つの番組を制作したのは，同じプロデューサーとディレクターでした。児童にも教師にも人気を博していた，しかも同じ名前を含む後発の番組を，さまざまな議論はあったものの，対象学年が異なるという主な理由で，あえて前作と異なるシラバスで制作することを決定しました。NHK のこの番組制作者の意気込みと，多様性をよしとする姿勢に感激しました。

今回の教科化にあたっての教科書制作についても，上記の番組と同様に，せっかく7社が名乗り出たのですから，みんな同じような『We Can!』のコピーのようなものではなく，各社がシラバスから検討をした独創的な教科書にチャレンジしてほしかったと思っています。そしてもちろんそれを認める文科省であるべきでした。

　教科書については無償制度や広域採択制に大きな問題があることも十分承知しています。少なくとも高等学校と同様の現場が裁量権を持つ採択制度にはするべきだと思います。

　教育のレベルを高めるためには多様性のある教材が提示されることが必要です。そして，それを使って児童に向かい合う教師が，地域や目の前にいる児童の実情に合わせて教材を変化させ，自分なりに模索した教材を加えて授業に臨むべきです。そのことが昭和22年に発表された，日本で最初の学習指導要領の序文に見事に書かれています。ネットで確認できますので，ぜひ読んでほしいと思います。

　授業名人と言われた有田和正氏は「材料七分に腕三分」という言葉を残しています。教材がよければ腕が多少劣っていたとしてもいい授業ができるということです。新しく始まる小学校英語も優れた教材があれば，初めて実践する教師でもある程度の授業ができます。しかし，残念ながら現状では「材料三分に腕七分」か，良くても「材料四分に腕六分」というところでしょう。担当する教師に大きな負担がかかることが予測されます。何とか教師の負担を減らす，効果の高い教材の開発をと願うばかりです。

## （5）指導者について

　文科省は1992（平成4）年に初めて研究開発校を指定して以来，ずっと小学校英語の指導は担任が行うべきだと言い続けてきまし

た。そのことで，各学校では英語活動のある高学年の担任を希望する教師がいなくなるという事態まで起こりました。そのような中でも，全国で多くの教師が英語活動のために努力をしてきました。

『スーパーえいごリアン』の番組の制作にかかわり始めた頃から，多くの公立小学校の教師たちと小学校英語に関して議論をしたり，一緒に授業づくりをしたりすることが増えました。その教師たちはとにかくチャレンジ精神があって，ほとんど教材らしいものがない中で，自分が作成した教材を使って，児童の実情に合わせた興味深い見事な活動をしていました。「これこそ小学校英語！」と言える多くの活動に触れることができました。当時，その教師たちが行っていたことの内容や努力の量，児童の学び，そして成果を思い出すと，本当にこの時代がよかったと思います。自由がありました。そして，間違いなくその自由が人を育てていました。

しかし，年度が進み，文科省が英語活動を必修化することを発表して，画一的な教材が配布された頃から，それまで主体的に英語活動を行ってきた教師たちから，自分たちの10年に及ぶ努力は何だったのか，という言葉が聞こえ始めました。新しい小学校教育として英語を役立てようと努力をしてきた教師たちは，教科化されることで，さらに失望感を増しています。

2018（平成29）年の年末までは，英語が教科化されても担任が指導を行う方向で進むと言われていたにもかかわらず，年が明けた頃になると急に専科制の話が持ち上がり，2019年4月11日の各新聞紙面に「専科制実施」が発表されました。さて，これは果たして長期間に及ぶ計画に基づいて行われることになったのでしょうか。どうしてもそうではないのではと疑ってしまいます。

文科省は，2020（令和2）年度の開始までに，専科教員を倍増

すると発表していますが，1年足らずで本当に可能なのでしょうか。もし，人員がそろったとしても，英語専科教員としての資格や資質はどうやって計るのでしょうか。中学校の英語教員だという理由だけで適任者であるとは決して言うことができません。

　また，新聞紙面には，専科制を実施して小学校の教師の働き方改革をという言葉もありましたが，となれば，教員数を増やすことになります。そのための費用は本当に大丈夫なのかという心配もしてしまいます。

　英語活動開始当初から常に，誰が指導するのかという話題がありましたが，文科省はそれに対して「担任が学習者としてのモデルになるべし」として，担任が担当することを主張してきました。しかし，教科化を機に，その方向をいとも簡単に変更しました。どうも，文科省のやっていることに「やっつけ仕事」の匂いを感じてしまいます。非常に悲しいことです。これからの小学校英語に対する責任は誰が持つのでしょうか。小学校英語がこの先失敗に終ったとしても，現場にいる教師たちの責任ではないとつくづく思います。

　優れた指導者をつくるのには，時間もお金もエネルギーもかかります。小学校英語のための教員養成は国が本気になって行う必要があります。しかし，現状では小学校英語の指導者を養成する大学教員が不足していることも事実です。これまでの教員養成では小学校英語教育を専門にしていた大学教員は本当にわずかな数しかいません。各大学で現在開講されている授業においても，小学校英語教育講義などとして指導を行っている人はそれまでは中高の英語教育を専門にしていた人が多く，中高の英語教育を基盤にした小学校英語の教員養成になってしまっています。

　今までに述べてきたように，小学校教育は非常に特殊性のある教育現場です。中高の教育とは異なる小学校教育の場に身を置く

経験がなく，理論だけで小学校英語についての指導を行ってもそれは机上の空論です。したがって，小学校英語の現場を経験したことのある英語教員を，各大学に大量に配置することが必要になります。そのような教員が配置されてからさらに年数を重ねていくことで，世の中に優れた小学校英語担当者が誕生する可能性があります。

　私は，専科制に決して反対はしていません。専科制になれば，学校ごとの英語教育の全体像を見通せる教師が誕生しますので，学年，またはクラスによって異なる授業になってしまうことはなくなります。また，長期間にわたる成果や要改善箇所を確認することができます。このような利点もあることは十分に承知をしながら，現状では専科教員を全国の約 20,000 校もある小学校に配置する力は日本にはないと言っているのです。とにかく，さまざまなことが準備不足のまま小学校英語が開始されるのです。

　小学校英語についての研究や実践にさらに時間をかける必要がありますが，時間だけで成り立つものではなく，費用も十分にかけることが必要です。資金を充当することで，必要な時間は多少なりとも短くなるはずです。日本はこの国力にありながら，教育に費やす金額があまりに少ないと思います。日本の未来は教育が担っています。小学校英語だけでなく，すべての教育への資金の充当が教育の充実には必要です。


## 2. 小学校英語に適した学び方

### （1）「聞く」から始まる小学校英語

　小学生にとってどのような英語の学び方が適しているか考えてみましょう。重要なことは指導する教師にとって都合のいい「教え方」ではなく，児童にとってどのような「学び方」がいいかを

考えることです。学習者優先であって，学習者に適した学び方にするのが当然のことです。

　小学生はまだ母語習得の入り口にいます。小学校に入学して初めて学習言語体験として国語を学びます。しかし，それまでの期間は生活言語体験として日本語を聞いたり，真似したり，自発的に言ったりすることをしてきました。そして，低学年ではまだこの生活言語体験を行いながら，小学校での国語の授業として，学習言語体験をしています。このような状況にいる児童は英語を学ぶ時にも，母語習得の過程と同じような学習方法を行うことが必要だと考えています。

　赤ちゃんが言葉を覚えて話せるようになるまでの流れについて考えてみましょう。生後1年ほどで赤ちゃんは言葉を話し始めます。それまでの1年間はずっとお母さんなどの話を聞いています。

　これは，時間をかけてコップの中に一滴一滴水を垂らしながら溜めていくことに似ています。少しずつコップに水が溜まっていき，約1年間でコップの水がいっぱいになります。さらにそこに1，2滴の水が入った時，ほんのわずかな水がコップの縁からこぼれ出ます。このこぼれ出たわずかな水が「ママ」や「マンマ」です。もちろん，お母さんが話していた言葉は「ママ」や「マンマ」だけではなかったはずです。言葉のコップの中には，いろいろな言葉が入っているはずですが，多くの赤ちゃんが意味のある言葉として最初に発するのが「ママ」や「マンマ」なのは，その言葉をたくさん聞き，そして赤ちゃんにとってその言葉が大切な言葉だからです。特に重要なことは，「ママ」や「マンマ」は赤ちゃん自身が言いたいと思って発する言葉であり，自分自身で選んだ言葉であるということです。

　もちろん，小学生は赤ちゃんとは違いますので，ただ黙って聞いているということにはなりません。先生が話す英語に対して何

らかの反応をしてきます。その反応を否定する必要はありません。反応をするということは，聞く活動を一生懸命に行っている証拠です。

　聞く活動を十分に行うことが小学校英語のはじめの一歩ですし，聞く活動なくして他の力をつけることは不可能です。「聞く」ことの経験の上に「話す」「読む」「書く」ことがあります。下の図のように十分に「聞く」があることで「話す」「読む」「書く」が安定するのです。

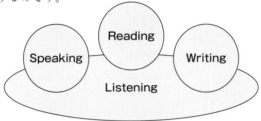

　今までの中学校英語教育において，徹底的に不足しているのがこの「聞く活動」です。中学校英語教育では最初から文字学習を主にして行います。これは，人が乳児，幼児の時代を経験しないまま，突然小学1年生になって国語の授業を受けているようなものです。

　中学校の1年生の英語の授業の形式は，小学校1年生の国語の授業の形式に酷似しています。中学校英語教育の方法は，間違いなく小学校の国語教育をモデルにして行われているように思います。本来は，中学校1年生の授業も音を重視した「聞く活動」から開始すべきなのです。実際にはそれができていないのですから，なおさら小学校英語では十分に英語を聞かせる学習を行うべきです。子どもたちが6歳までに母語を生活言語として学んできたのと同じ過程を少しでも体験させてやることが小学校英語の存在意

義でもありますし，中学校英語へのつなぎとしての大きな役割を
果すことにもなります。

## （2）何を聞かせるか

　「聞く活動」を重視するとなると，何を聞かせるかということ
が問題になります。乳児期の赤ちゃんは母親が話していることに
言葉での反応はしませんが，母親の表情や声に笑ったり泣いたり
することで反応をします。そして，半年ほど経つと喃語と言われ
る言葉で反応するようになります。さらに生後1年ほどで，「ママ」
という言葉が発せられます。その後，母親などの言葉をまねてそ
の言葉を発するようになります。

　少なくとも，ここまでの流れは小学生ならば比較的早い時期に
到達します。ですから，小学校英語では音をまねて発するところ
あたりからの開始でいいと思います。この場合，低学年の児童ほ
ど，音をとらえることに長けていますので，できるだけ英語の独
特な音やイントネーションに触れさせておくことが望まれます。

　したがって，英語のリズムがしっかりしている歌や絵本の文章
が適しています。極端な言い方をすると，内容よりも音を重視す
べきです。古くから英米の文化の中で活用されてきた伝承童謡の
「マザー・グース」（Mother Goose）として紹介されているものは
どれも，しっかりと韻律法に従って英語が書かれていますので，
児童が最初に触れる英語としては大変適したものだと思います。
「マザー・グース」だけでなく，新しく作成された歌や絵本にも
いいものがたくさんありますが，英語のリズムやイントネーショ
ンが重視されたものを選ぶ必要はあります。

　中学年になると，音のおもしろさに加えて話されている英語の
意味を考え始めますので，中学年の児童が興味を持つような，内
容があるものを聞かせる必要があります。例えば，興味深そうな

ものを見てそれが何かヒントを聞いて考える活動や，話をしっかり聞かないとやり方がわからないようなゲームの説明，さらには遠足に行く時に必要なものを紹介するなどの活動ならば，児童は一生懸命に聞くようになります。この年齢の児童はゲーム的な要素が含まれているものを好みますので，最終的にはゲーム化した活動になるような工夫があると効果的です。

　高学年の児童には，ある程度まとまった内容のあることを聞かせることが重要です。ここで大切なことは，英語をやさしくして，内容は学年に応じたレベルにすることです。内容があまりに幼稚では，高学年の児童は聞く気持を持たなくなります。高学年対応の学習では児童の知的な興味に合っていて，しかも，現実性（リアリティ）のある話題が必要です。

　この活動でめざすことは，個々の単語や表現を聞きとったり，その表現の練習をさせたりすることではなく，先生が話していることの内容をある程度理解できるようにすることです。この点を基本線として理解しておかなければなりません。

　もちろん，先生が話す英語だけでは理解できないことも多くありますので，実物，写真，絵など視覚的に言葉を補助するものを用意しなくてはなりません。例えば，ある人物の写真を見てその人物についての紹介をしたり，道具の使い方を説明したり，ものをつくる順序を指示したりすることなどがあります。高学年の児童が聞いてその中から学ぶことができる内容を含めた聞く活動にすることが重要です。

　低学年から高学年まで通して聞く活動を大量に行うことが小学校英語として重要ですが，学習者の年齢や興味の対象などに応じて，何をどのように聞かせるかを意識して，的確な素材を準備することが必要です。

## （3）「聞く活動」に適したシラバス

　児童が聞くことを重視した活動づくりを行うのに適したシラバスと適さないシラバスがあります。シラバスはどれも長所と短所がありますので，どのシラバスが適しているかを考える必要があります。機械的に表現を覚えるならば，場面シラバスや機能シラバスが適していますが，聞く活動に適したシラバスは話題シラバスです。

　今まで日本では場面シラバスによる英語学習はあまり紹介されていませんでしたが，2000 年頃から CLIL（Content and Language Integrated Learning：内容言語統合型学習）という教授法が日本でも紹介されるようになり，研究や実践などが急激に増えてきています。

　また，CLIL が話題になるかなり前の 1960 年代から，カナダで始まった「イマージョン教育」（Immersion Program）と呼ばれている外国語教育があります。カナダやアメリカなどのような多言語社会では異なる母語を使用している人が多く，相互理解のために開発されたプログラムです。

　イマージョンとは英語の immerse（浸す）の意味で，該当する言語に浸かって学習するという意味になります。英語イマージョンの場合，英語の時間に英語を学ぶだけでなく，どの教科も英語で行うということで，目標になっている英語学習と同時に，それぞれの教科内容も学ぶという形式の授業になります。

　イマージョン教育や CLIL の教育方法は，英語の知識を得ることだけではなく，実際に英語がどのように使われているかを実体験できる言語教育と言えます。イマージョン教育と CLIL は，言語で語る内容を重視しているという点では類似しているところもたくさんありますが，イマージョン教育が言語教育を目的にしているのに対し，CLIL は言語教育だけでなく，言語教育を含む教

育そのものの方法論というところまで範囲を広げています。

この二つの学習法の共通点は，言語は意味を伝えるための道具であるととらえていることです。意味を伝えない言語は言語として成り立たないということになります。したがって，英語教育においても，学習の中で相手に伝えるべき内容が含まれる状況において，初めて言葉の学習になることを意図しています。

CLILの学習で特に重視されているのは，言語としての学習と，内容としての学習のバランスを50対50にすることです。そして，言語は内容を運ぶ「道具」であり，運ばれるものが「内容」であるという点です。いわば言語は荷物を運ぶトラックであり，運ばれる荷物が「内容」となることです。

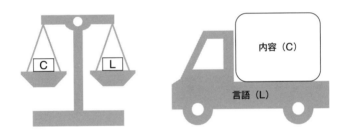

言語（L）と内容（C）

日本の英語教育，特に中学校の英語の教科書を見ると，あまりに内容がないことがわかると思います。少なくとも13歳の生徒が知って驚くことや，心を動かされるような内容は含まれていません。現状の中学校の教科書では，英語で伝えようとしていることは，英語の文の構造や文法と呼ばれている規則です。それが構造シラバスや文法シラバスでめざしていることです。

もちろん，イマージョン教育やCLILの学習方法を日本の小学校英語に導入することは現状ではまったく不可能です。しかし，

言語の最大の仕事である,「意味を伝える」ということは小学校英語にも,あるいは小学校英語だからこそできることです。そこで,私は20年以上にわたってこの方法での実践と研究を行ってきました。そして,最終的に「聞く」ことを言語教育の原点としてとらえ,児童に「聞く活動」を十分に与えることをめざすならば,間違いなく選ぶのは話題シラバスであると確信しました。

話題シラバスでは,一つの話題についてさまざまな角度から取り上げ,児童の知的好奇心を沸き立たせるような話をすることで,児童は一生懸命に「聞く」活動に向かっていきます。「英語はおもしろいですか」という質問を耳にしますが,本当は英語がおもしろいのではなく,英語で語られている内容がおもしろいかどうかが問われるはずです。

語られる内容によって,その話題に登場する語句は共通したものになりますので,一つのカテゴリーに関係する語句が自然に何度も登場します。この場合,単一の英語表現の練習に時間をかけるのではなく,先生が話す英語表現の中から聞き取れる語句を耳にして,先生が何を伝えようとしているかその意味を聞き取ろうとする活動を中心に行うことになります。

わからない英語を聞いて,その中から自分の力で先生が伝えようとしている内容を何とか理解しようとする体験が,児童の「聞く力」を育んでいきます。ちょっとでもわかったことで「わかった」と思えることが児童の特性です。聞いて「わかる」ことがコミュニケーションの原点であって,単に発信だけをさせようとすることは決してコミュニケーション力を培う英語教育ではありません。

先生が語っていることをすべて理解させようとしないで,聞き取れたわずかな言葉の中から話されている内容を類推することから始めるべきです。そのためにはできるだけ単純な内容にすべき

ですが，児童にとって日本語で話されても「おもしろい」と感じられるものにする必要はあります。日本語で話されておもしろくない内容は英語で話されてもおもしろくないからです。

　話題シラバスはとかく大学生など学習経験が豊富で高い能力を持った学生向きのシラバスだと考えられがちですが，話題を児童にとって身近なものにすることと，先生が話す英語表現をできるだけ単純にすることで児童が理解できる話になります。先生が使う英語表現を単純化し，語句も話題に適したものに限定することで，英語で語られる内容について児童が無理なく理解できる活動にすることができます。

　日本語の辞書を開いてみると知らない語が溢れています。一生をかけてもすべての語を覚えきれるものではありませんし，生活の中で実際に使用している語は本当にわずかなものだと感じます。新しいことに出合ったり，新しいことを始めたりする時には，必ず新しい語が目の前に登場してきます。新しい語は出合った瞬間にすぐに覚えられるわけではなく，何度もその語に出合うことで意味を理解し，徐々に自分でも使用できるようになります。

　小学校の国語で各学年に指定されている新出漢字は，その学年の教科書に載せることが義務づけられていますが，児童がその漢字を使えるようになるのは翌年度中でいいことになっています。新しい漢字に出合った時と，その漢字を使用できるようになるまでに1年間のタイムラグが用意されているのです。

　英語を学ぶ時には，登場した新しい語を機械的に覚えさせてすぐにその語を使用させようとしています。それでは「使える語」になったと一瞬は感じても，すぐにまた元の「知らない語」に戻ってしまいます。

　「知らない語」を使用できるようになることが言語学習で目指していることですが，「知らない語」をすぐに「使える語」にす

ることはできませんし，突如その語を使用すると間違った使い方になることもよくあります。「知らない語」を「使える語」にするのには段階があって，①「知らない語」→②「聞いたことのある語」→③「知っている語」→④「使える語」という順序になります。

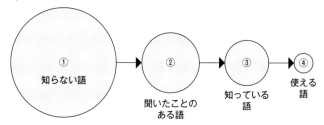

　もちろん①よりも②の量は非常に少なくなりますし，②から③も，③から④も語数はどんどん少なくなります。しかし大切なことは②の「聞いたことのある語」の数をできるだけ増やしておかないと，③も④もその数が増えることはないということです。
　また，「聞いたことのある語」から「知っている語」や「使える語」になるものは，学習者にとって興味や関心があるもので，しかもよく耳にする語のはずです。ですから，英語学習においても児童の興味や関心のある語をたくさん登場させて，それを丁寧に何度も意図的に耳にさせることが小学校英語に求められていることです。
　私の手元にかつてアメリカで購入した *My First Dictionary*（A DK PUBLISHING BOOK）という辞書があります。これはアメリカ人の子ども用につくられているもので，外国人の英語教育用につくられてはいません。たぶんアメリカの小学生が初めて購入するレベルの辞書だと思います。この辞書にはちょうど 1,000 語が収録されています。そして，この 1,000 語は，「小さな子どもた

ちにとって非常に重要で，毎日の生活の中で常に使われている語であり，小学校においても十分にそれぞれの語が使われていることをテストした上で掲載している」という内容の言葉が巻頭に書かれています。

辞書ですからアルファベット順にAで始まる文字から最後はZで始まる文字の配列になっています。その中のAの項目にはちょうど30の語があります。そのうち名詞の数は26語で，その他は形容詞1，副詞1，動詞2になります。Bの項目でも84語が載っている中で70語が名詞です。他の文字においても同じように名詞が非常に多く，全体としては1,000語に対して834語が名詞になっていました。子どもたちが必要とし，そして実際に使用している語の多くが名詞であることがわかります。アメリカ人の子どもたちにとって身近な語が名詞であるのと同様に，日本の小学生が英語を学ぶ時にも，ものの名前を知ることから英語学習が始まるのは当然のことです。

私たちは中学校での3年間の英語学習の中で，この辞書に掲載されている語数と同じくらいの語に触れることになっています。しかし，その中の語は，疑問詞や前置詞，接続詞，助動詞，冠詞，関係詞など，いわゆる機能語と呼ばれている語が多く，実際の生活の中でよく使われる名詞は非常に少ないのです。

そのため，中学校で3年間英語を学んでも生活の中で目にするものを英語で言うことができないのです。小学校の英語学習では，児童の身の回りにあるものや，興味や関心を持っているものについて，できるだけ多くの名詞に触れさせる必要があります。

児童が興味や関心のある語ならば何でも聞かせればいいということではありません。できるだけ話題を限定して，その話題に関連した語を集約して登場させる必要があります。同じカテゴリーに登場する語をまとめて提示することで，「聞いたことのある語」

のまとまりとして認識することができます。

　児童が身近に感じ，そしてよく使用される語が含まれている話題としては，「数」「形」「色」「動物」「植物」「体」「季節」「月」「曜日」「天気」「気候」「スポーツ」「玩具」「道具」「学校」「教科」「教室」「家」「乗り物」「時間」「時刻」「歴史」「建物」「施設」「料理」などさまざまなものがあります。このような話題をうまく利用すれば，児童は生活に密着したたくさんの語に触れることができます。

　しかし，「聞いたことのある語」を増やす活動だからといって，絵カードなどを見せて，機械的に繰り返し練習をさせるだけの活動は避けるべきです。そのような活動は1，2年生など低学年の児童の活動ならば何とか持続可能ですが，高学年の児童だと最初のうちは楽しんでいるように見えても，知的な活動ではないことからすぐに飽きてしまいます。

　高学年児童が興味を持って取り組む活動にするためには，「色」という話題についての活動を構成する時に，「色」だけに焦点を当てるのではなく「色」が登場する他の話題と結びつけることが必要です。複合的な話題にすることで，高学年の児童でも興味を持つ活動になりますし，登場する語も多くなります。

　例えば，「色」と「植物」を組み合わせると，果物や野菜の色を尋ねることができます。What color is a banana? の質問をすると，当然のように児童は Yellow. と答えます。その答えに対して，緑や赤のバナナを見せて，What color is this banana? と再度質問をすることで，バナナは黄色だけでなく，緑や赤に近い色のものもあることに興味を持ちます。そして，単純な赤とは言えないバナナの色を英語ではなんと言うのかということも知りたくなり，自らさまざまな色の言い方を調べたいという気持になります。

　果物や野菜の色だけでなく，それぞれの花の色を尋ねることも

できます。ちなみにバナナの花は何色でしょう。インターネットなどで調べてみてください。

さらに，具体物の色だけでなく，季節を色で示したり，自分の気持を色で表したりするような活動もできます。このような活動を通して，英語がおもしろいのではなく，英語で語られている内容がおもしろいと児童は感じます。その上で英語にも興味を持ち，自ら多くの語を身に付けていきます。また，別の機会に「植物」や「季節」を話題にした活動を行う時には，「色」に関する語も再度登場させることができます。このようにすることで児童は同じ語に繰り返し触れることができるため，確実に多くの語が「知っている語」や「使える語」になっていきます。これが話題シラバスを活用した活動の利点の一つです。

「色」をテーマにした活動をつくる時の具体的なアイデアを可視化するために，私はよく次のような図を作成し，「話題別Webbing」と呼んでいます。さまざまな話題でこのような図を作成していくと，それぞれの話題が互いに結びつく部分が見えてき

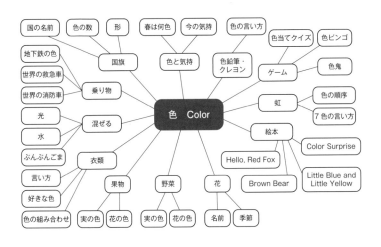

ます。それを総合的に結びつけることで，話題シラバスの具体的な形が見えてきます。

　話題シラバスだけが小学校英語に適しているということではなく，「聞く」という活動をめざすならば，話題シラバスは他のシラバスよりもはるかに適しているということです。また，日本の英語教育においては，話題シラバスを主にしたシラバスの作成もそれに基づいた活動も，これまでほとんど行われていないことも事実です。

　新しく小学校英語を実施するならば，今まで中学校などで行ってきた英語教育と同じものを小学校で行うのではなく，新しいシラバスに基づいた新しい指導法で行ってこそ小学校英語を実施する意味があります。今までの英語教育で不足していた「聞く活動」を補充するためにも，話題シラバスにもっと目を向ける必要があることを，多くの英語教育関係者に理解してほしいと思います。

　私は，小学校英語で最初にすべきことは，「聞く力」を高めるために，「聞こうとする気持」を高めることだと考え，話題シラバスによる活動を行ってきました。そして，数年間そのような活動を実践した後，ある研究者たちが実施する小学校の英語教育の実態とその成果に関する研究のための調査に参加しました。その中に，6年生の児童に対してリスニングテストを実施し，その結果を分析するというものがありました。このテストによって，話題シラバスで学んだ児童の「聞く力」が向上していることが判明しました。特に，ある程度の長さと内容を持った英語を聞いて，その内容を理解するというテストにおいては，他の学校の児童と大きな違いがあることが証明されました。

　指導者が児童にどのような力をつけたいかが明確で，それに適したシラバスと教材，そして指導法が整えば，小学校英語も間違いなく効果はあるということが判明しました。ただ，小学校英語

の活動時間数は極めて限定されていますので，すべてのことができるわけではありません。そこで，何を優先して何を後回しにするかを判断しなくてはなりません。求めるものの種類を多くして，すべてを少しずつやるようなことでは決して効果は期待できません。最も優先すべきことに力を注ぎ，あきらめざるを得ないことは次の中学や高校の英語教育に委ねるしかありません。そして，小学校英語での優先順位の1位は「聞く力」を培うことです。

## （4）「話す」とは何か

　赤ちゃんは「ママ」と言うまでに1年近く「聞く」ことをしてきます。そして，やっと1年たったところで「ママ」という言葉を口にします。この「ママ」は赤ちゃんが初めて自分の意志で，そして自分で選んだ言葉として「話した」言葉です。「話す」ということは，口から音を出すことではなく，自分自身が本当に相手に伝えたいことを音として発することです。音を出していれば「話す」になるということではありません。

　英語教育では，とかく「英語を話させたい」という思いが高じて，学習者に英語を発声させる活動を強いることがよくあります。その日の学習の目標となっている英語の表現を説明し記憶させて，先生と児童，あるいは児童と児童がグループやペアになり，覚えたばかりの英語表現を言い合うという活動があります。これはいわゆる「PPPメソッド」（PPP＝Presentation, Practice, Production）で，パターン・プラクティスと呼ばれる反復練習が中心の学習となります。

　この学習方法にも効果的な部分はもちろんありますが，基本的に文法指導の一つとして使われるものです。したがって，中学校での学習や高校の文法の授業に活用されていますが，文法を主にした学習をめざしていない小学校英語には適していないのです。

しかし，多くの人はこの活動を見ると，相互に「話している」と勘違いしてしまいます。指導している教師自身もまさにそのようにとらえ，自分たちが中学校で英語を学んできた時に経験をしていることもあって，あたかもこの形のみが英語教育であるかのように思い込んでいます。

児童の口から出てくる音は，決して「話している」のではなく，音声を発しているだけにすぎません。学習時間に児童が表現を音にできるようになると，児童も教師も「英語が話せるようになった」と思ってしまいますが，それは勘違いです。しかも，一度その演習を終えてしまえば，その後，同じ表現に出合う機会が急激に減少してしまうため，せっかく覚えた表現も徐々に忘れてしまうというこの学習方法の最大の欠点があり，小学生対象の学習方法としては適していません。

本人が言いたい言葉ではなく，誰かが言わせたい言葉の練習では「話す」ことにはなりません。幼稚園の頃から知っている友達に What's your name? と尋ねて，My name is Yuki. と答えるような活動が「話す」活動だと考えることのおかしさをわかってほしいと願っています。小学校の段階で何が重要かをしっかり見据えて，児童に適した方法で英語教育をすることができないなら，やらない方がいいと私も思います。少なくとも，児童が英語で自分の意思や情報を伝えることが必要になるのは，まだずっと先のことであって，児童にはその準備をするための時間が十分にあります。いま無理に「話す」ことを強いる必要はないのです。

## 3. 文字指導について

2020 年度からは 5，6 年生が外国語科で新たに文字の学習をすることになっています。文字学習も行う，と学習指導要領にはあっ

さりと書かれていますが，これはそんなに簡単なことではありません。今まで小学校英語では文字指導は行われていませんでしたし，中学校でも文字指導の明確な導入方法についてはほとんど語られてきませんでした。それだけに，文字とは何か，音と文字の関連をどのように指導していくべきかなど，指導方法や教材について原点に立ち返って考える必要があります。

指定されている4年間210単位時間の中で，文字の指導がどこまで可能か，以下の文章を通してしっかりと確かめてください。

## （1）文字とは何か

世界の言語辞典と言われる *Ethnologue* には，現在，世界で約7,000言語が使われていることが示されています。すべての言語は音を持っています（最近では音を持たないプログラミング言語もありますが）。しかし，この中で文字を持っている言語は500言語以下だそうです。

文字を持つ言語の長所は，文字によってその民族がたどってきた歴史や，培ってきた文化を記録できることと，時間的，空間的に世界中にそれらを伝え広げることができることです。今世紀中に，現在ある言語のうちの半分以上は消えてしまうと言われています。そのほとんどが文字を持たない言語なのだそうです。

一説には，人類は歴史上，約120種類の文字を創りあげてきたと言われています。言い換えれば，今までに発見されている文字がこの数ということになるのでしょう。この中には19世紀になって解読された世界最古の文字の種類と言われているエジプトのヒエログリフのように，現在では使用されていない文字が含まれています。

現在，世界で新聞や雑誌などに公に使用されている文字の種類はたった28種類だそうです。英語，ドイツ語，スペイン語，フ

ランス語，イタリア語，ポルトガル語など，多くのヨーロッパ言語は，同じラテン文字（Latin alphabet）を使用しています。国によって多少の変化はありますが，これらの言語の文字はすべてラテン文字になります。

　ヨーロッパやアメリカ，西アジアで使用されている文字は，ラテン文字，ギリシャ文字，ヘブライ文字，アラビア文字などです。南アジアではベンガル文字，タミール文字，シンハラ文字などが使われ，東南アジアや東アジアではクメール文字，タイ文字，漢字，朝鮮文字，日本文字などがあります。

　現用の28種類の文字は，大きく二つに分けられます。一般的に，文字が音素を表す文字体系（表音文字）の総称を alphabet と呼び，漢字のように意味を持つ文字（表意文字）を character と呼んでいます。表意文字の方が古く，漢字は現用の唯一の character であり，紀元前1300年ごろにつくられました。

　日本人は中国から伝わった漢字から2種類の日本文字，すなわち片仮名と平仮名をつくりました。この二つを合わせて，Japanese alphabet と呼んでいます。日本は Chinese character と呼ばれる表意文字と Japanese alphabet と呼ばれる表音文字の2種類の文字が併用されている極めて珍しい国です。

　小学校1年生になると，国語の時間に文字の学習が始まります。もちろん，最初は平仮名の学習からです。平仮名は alphabet ですから，文字が音を示しています。「あいうえお」の文字を見て，その音を確認します。「あ」という文字記号は「あ」という音とつながっていることを学びます。そして，すべての文字を，小学校入学以前から使っている日本語の音とつなげていきます。

　夏休みが過ぎると，平仮名から片仮名に移行して，平仮名と片仮名の両方，すなわち，Japanese alphabet の文字と音との関係を学びます。この段階なくして，平仮名や片仮名を音にすること

はできません。一つの文字にはそれぞれの音があり，「は」の文字には「ha」と「wa」の二つの音があることなども学びます。

　仮名文字を学んだあとで，漢字学習が始まり，1年生では80字の漢字を学びます。alphabet と character がこの時点で結びついていきます。この漢字学習の概念や学習方法が，今までの英語教育における文字指導に大きな影響を与えているのではないかと私は考えています。

　英語の文字は Latin alphabet なので，平仮名や片仮名と同様に，一つの文字は少なくとも一つの音を持っています。ですから，平仮名や片仮名を学ぶ時のように，英語の26文字（大文字と小文字を合わせると52文字）の一つひとつがどのような音とつながっているかを学ぶところから，文字学習を始める必要があります。

　しかし，日本の今までの英語教育では，それぞれの文字の音素を学ぶことなしに，すぐに意味を示す文字のまとまり，すなわち語（word）から学習をスタートさせてしまっています。英語のalphabet の個々の文字の音を学ぶことなく，語という文字のまとまりと意味のつながりを理解することから，英語の文字学習が始まっています。

　これは仮名の文字と音のつながりを学ぶことなく，突然漢字の学習に入ってしまっているのと同じことになります。語の意味と音が優先され，cat ならば c や a や t がそれぞれどのような音であるかを学ぶことなしに，cat の意味は「猫」であり，音は [kæt]（キャット）と発音することを覚えるだけの学習方法になっています。最初の重要なステップがとばされてしまっています。

　alphabet は，一字一字が音を示している文字ですから，まず，それぞれの文字（letter）と音との関連を丁寧に学ばせる必要があります。各文字を音にして，その文字と音とのつながりから語としての意味を理解できるような学習方法が求められています。特

に，小学生の英語学習における文字指導ならば，国語教育で文字と音との関連を学んでからの期間が短いこともあり，音と文字のつながりの原点を踏まえた指導を行うべきです。

　中学校の英語の先生方に，小学校での英語指導でやってほしいことは何かという質問をすると，必ず「alphabet はやっておいてほしい」という答えが返ってきます。

　では alphabet の何をやっておいてほしいかという質問を再度行うと，alphabet の文字が読めて書けるようにしておいてほしいという答えになります。この文字が読めるというのは，文字の記号名を知っておくこと，すなわち A という記号を見たら A（ei）と言えることで，文字が書けるというのは，記号名を言われたらその記号を書けることです。このことは文字指導では基本中の基本になりますので，ここから文字指導が始まるのは当然です。

　しかし，中学校の英語の先生がこの点を強調するということから，中学校での英語の学習においても，文字指導の第一歩に苦労しているのだと察することができます。小学校での文字指導を進めるためには，中学校における文字指導の方法についても真剣に検討をする必要があります。教師自身が文字指導の入り口を学んできていないことを見直すべきだと思います。

## （2）文字学習は何をどのように始めるか

　最近見学の機会があった，ある中学2年生の授業で，一人の生徒が教科書の中の文章を代表で音読していました。その文章の中に，ancestor という単語が出てきた時，非常に流暢に読んでいた生徒が急に読むのを止めて，「この単語なんて発音すればいいですか」と先生に尋ねました。新出単語ではありましたが，決して特別な発音の箇所がある単語ではありません。たぶんその生徒は習っていない単語を発音することはできないものと思い込んでい

たのでしょう。

英語の文字は平仮名や片仮名と同様に，それぞれの文字が音を示している alphabet ですから，何とかその単語を発音しようとする試みはあってしかるべきだと思いました。

もちろん，私はこの生徒がチャレンジしなかったことを責めているのではなく，ほとんどの生徒がこの生徒と同様に，新出単語は発音練習をしてからでないと発音できないと思っているのではないかという点を指摘しているのです。

現状の中学生の英文音読は，小学校1年生が，50音の仮名文字の読み方をまったく学ぶことなしに，突然「じてんしゃ」という言葉を読まされているようなものです。濁音や拗音の学習をしていなければ「じてんしゃ」を発音することはできません。

中学校の英語学習には，小学校の国語学習の入り口で行う，音と文字をつなげる活動が欠落しているのです。英語学習に優れている生徒は，自分なりの学習過程で，発音のルールを会得することもありますが，少なくとも基本的なルールを前もって学んでおけば，もっと簡単に音と文字のつながりを理解できるはずです。

中学1年生用の英語教科書の最初の部分には，よくローマ字表が載っています。小学校3年生の国語での訓令式のローマ字表と異なり，ヘボン式の表記のみになっています。ローマ字表は，日本語の50音に適合した音を示すローマ字を載せているのであって，決して英語の文字と音についての学習として十分だとは言えません。

また，ある教科書には「自分の名前，ローマ字で書けるかな。」という言葉が書かれています。ヘボン式で自分の名前が書けない中学生がたくさんいることをこの言葉から推測できます。

文字の学習は，登山のように一歩一歩を踏みしめて，急がずに進んでいく必要があります。急いだり何かを飛ばしてしまったり

すると，どこかで必ずやり直しが必要になります。

　文字学習で最初に行うべきことは，それぞれの文字の記号名を理解することです。各26種類の大文字と小文字に，できるだけ多く触れる活動から始めることが必要です。学習の最初は，それぞれの文字を見てその文字の記号名が言えることと，次に，記号名を聞いて，その文字を書けるようにすることです。この場合，機械的に練習をさせるのが簡単だと思ってしまいますが，小学校における活動としては効果的だとは言えません。小学校英語では，児童の興味や関心が最大の学習のモチベーションになりますので，まず，「おもしろい」と児童が感じる活動づくりをすることが大切です。

　まずアルファベットの記号の形と記号名を知るところから始めます。Aの文字を見て [ei]，Bの文字をみて [bi:] と言えればいいということになります。実際に英語を読んだり書いたりする時には小文字の方が断然多いのですが，児童が生活の中で目にしているのは大文字が多いので，大文字から始める方がいいでしょう。

　活動としては，*The Alphabet Song* を歌うことから始めます。低学年の活動とは異なり，ちょっと難度を上げて歌います。例えば，普通はABCから歌いますが，それをBCDから歌い始めて最後がAで終るように歌います。この活動にはAからZまでを丸く輪にした形のプリントを用意しておきます。配列を円形にすることでどの文字からでもスタートすることができますし，逆回りで歌うこともできます。

　このような歌い方をすることで，それぞれの文字の記号名を

確実なものにします。小文字対応のプリントを用意して同様の活動を行えば小文字にも十分に慣れます。

　次に，自分の氏名にはどの文字がいくつあるか確かめる活動をします。これも自分で記入できるワークシートを用意しておくといいでしょう。自分の名前と名字を別々に書かせ，その中にA〜Zの文字がいくつあるかを確かめてA〜Zの欄にどの文字がいくつあるかを記入させます。その表ができあがったら，*The Alphabet Song* を歌いながら，自分の名前にある文字のところで手を上げるという活動ができます。

　最初はイニシャルから行い，次に名前，そして，名字へと進め，さらに名前と名字を合わせて，どの文字がいくつあるかを確かめます。文字が一つあった場合には片手を上げ，二つあったら両手，三つ以上あったら立ち上がって両手を上げるなどのルールを決めておくと，誰の名前にどの文字が多くあるかがわかります。

　さらに，児童が記入したプリントを先生が回収し，Whose name is this? と質問した後に，その児童の名前にどの文字がいくつあるかを伝え，文字の種類や数から，それが誰の名前か判断するという活動ができます。相互に名前を知っているクラスの児童だからこそできるゲームになります。この活動は文字を見ることなしに，先生が言った文字を頭に描いて，それらの文字をいろいろと組み合わせて，誰かの名前を探し出すという高度な活動ですので，高学年の児童も真剣に取り組みます。

　日本の地名や駅名の英語名は，戦後の GHQ の指示によって基本的にヘボン式で書かれています。したがって，英語の文字学習にとっては都合のよい題材になります。意味は理解できるけれど，発音はわからないという漢字の特徴を有効に活用して，読みにくい地名をローマ字（ヘボン式）で書くという活動をします。私の授業で行った活動では，「標津」「千歳」「男鹿」「羽咋」「我孫子」

「十三」「出雲」「対馬」「読谷」などの地名を提示しました。これらの地名は読みにくいというだけでなく,「SHIBETSU」「CHITOSE」「JUSO」「TSUSHIMA」の下線部のように,ヘボン式の特徴が含まれているという理由で意図的に入れてあるものもあります。

　答え合わせでは,日本語での地名の読み方と,その音をローマ字で記述する時のスペリングを言わせることで,アルファベットの各記号名を,児童は確実に理解できるようになります。

　文字指導の入り口では,alphabet の記号名と文字の形を徹底的に理解させることが重要ですが,機械的な単純な活動ではなく,高学年児童が興味深く感じる「知的でおもしろい活動」を考案することが,小学校英語の最大の課題です。

## (3) フォニックスの指導法

　「ラムネ」は英語の lemonade がもとになっている外来語です。母語話者がこの語を発音したものを日本人が聞いて,それを片仮名で「ラムネ」と書いたものです。文字を意識しないで聞こえたままに書いたものです。しかし,lemonade にはもう一つ「レモネード」という外来語があります。同じものを示すのに二つの外来語があることになります。音を聞いてそれを片仮名で記述したものと,文字を見てそれを日本人的に発音したものを記述したものとの違いだと思います。

　松江の小泉八雲記念館には,八雲の妻の節子が,八雲の話す言葉を片仮名で書き留めて,その下に日本語の意味を書いた和綴じのノートがありました。その中には「レトル」や「ケトウ」という片仮名がありました。「レトル」は letter の音を,そして「ケトウ」は kettle の音を書き留めたものです。このことからも音と文字のつながりを日本人が理解するのは思ったよりも難しいこと

のような気がします。

　小学校1年生は入学までに，十分に日本語を聞き，自分でも日本語の音を使って他者と話をしてきます。その上で，50音を示す文字がどれか学びます。そして，この作業に週当たり5，6単位時間を費やして，約半年後にやっと平仮名と片仮名の文字と音がつながるようになります。国語の文字学習でもこれだけの時間をかけているのですから，英語の文字学習にはさらに多くの時間が必要になります。

　英語の音と文字をつなげるためには，アルファベットの26文字がそれぞれどんな音（音素）を持っているかについて，一文字ごとに確認をしていく，いわゆるフォニックス（phonics）の学習が必要になります。特に注意すべきことは，英語の母音は日本語の母音よりも数がはるかに多いことです。長母音や二重母音などを含めると基本的なものだけでも16の母音があります。

　また，「ん」以外は子音だけでは音を持たない日本語と，子音だけで音がある英語との違いを理解させる必要もあります。子音の数も基本的なものが29種類あります。ただし，日本語は基本の音だけでも50音あり，その他に濁音や拗音などもあるので，それに比べれば少ない数です。

　英語の単語の発音には例外的なものが多いため，フォニックスの基本学習を行っても，すべての単語の発音ができるわけではありません。しかし，音と文字をつなぐ学習の入り口としては，フォニックスの基本について理解させておくことがその後の学習にとって有効なことです。どの時点でフォニックスをスタートさせるかについてはいろいろな意見がありますが，私はある程度の語彙を音で聞いた経験がある方が，短時間で基本的なことを学べるように思います。

　かつての勤務校での実践では，1～3年生の英語は週1時間で

「聞く活動」中心とし、4年生からは週2時間でそのうちの1時間はフォニックスの学習を行っていました。しかし、数年前に3年生も時間数を週当たり2時間にしてからは、4年生以降と同様に、2時間のうちの1時間はフォニックスの活動を行うことにしました。

3年生でのフォニックス初年度は、3、4年生を同じ教師が担当して、両方の学年で同じ内容と同じ時間数で指導をしました。しかし、結果的には3年生は4年生が行った学習範囲の60%ほどしか進みませんでした。児童の学習経験や発達段階の違いで学習進度や効果は大きく違いました。早く開始するためには、学習者の状況に適した教材や指導方法、学習速度などを考慮する必要があることがわかりました。

その翌年からは、フォニックスの指導は4年生からの実施に再度変更しました。以降、3年生は週2時間を「聞く活動」の強化にあてるとともに、年度の後半に4年生のフォニックスの前段階の活動をあらためて取り入れています。フォニックスの指導を開始してからすでに10年以上も経ちますが、今でも試行錯誤の連続です。

フォニックス指導を行う場合の順序や必要な時間数について、勤務校での実践をもとに簡単に紹介します。この順序や時間数が必ずしも最良の方法であるとは思いませんが、この学習での効果についてはある程度の検証をしていることを付け加えておきます。

開始1年目の4年生では、母音のうち aeiou の音から始めます。次にbからzまでの子音について個々にその音の確認をします。1時間の学習でp, m, n, sのように4文字ほどを同時に取り上げて、前回までの既習文字と合わせて、学習を行っています。一つの文字を何度も学習することになります。45分の活動時間を

年間30回ほど行って，やっと単独の文字の音素についての学習が一応終了します。

翌年の5年生になると，単独の音から複数の音へと進んでいきます。〈母音〉＋〈子音〉，〈子音〉＋〈母音〉＋〈子音〉，〈子音〉＋〈母音〉＋〈子音〉＋〈子音〉など，2音から3音，4音へと徐々に文字を増やしていきます。

この場合，単語の意味を重視するよりも，音の組み合わせを重視しています。単語が先にありきで文字を読ませるのではなく，各文字の音の組み合わせによって単語がつくられていることを理解させます。したがって，〈子音〉＋〈母音〉＋〈子音〉の場合にも，最後にある子音，例えばtを発音させて，tの前にaを置き，atの発音をさせます。さらにatの前にcを加えてcatとしてその発音をさせます。それぞれの文字を連続して発音することで，これらの文字が「猫」を示す単語の文字であることを認識させるようにしていきます。さらに，2文字で1音を示すph, wh, ch, sh, などの文字や，ee, ea, oo, ou, oaなどの長母音や二重母音，makeやmileなどで直前の母音を変化させる働きを持つ語末のe（magic-eと呼びます）についても理解させる必要があります。

これらのことが理解できたところで単語が発音できることになります。個々の単語が発音できるようになった上で，やっと文を読むスタートラインに立つことができるのです。4年生，5年生で丁寧にこのような活動を行うことで，6年生になると，初めて目にする単語でも発音できるようになります。実際に私が行った6年生の活動では，セイウチを示す単語のwalrusをw, a, l, r, u, sと一文字ごとに言うたびに児童はそれぞれの文字の音を発して，最終的にそれらの音をつなげて明確に発音しました。

以上，フォニックスの有効性について書いてきましたが，現状において公立小学校でフォニックスの指導を行うことは非常に難

しいと思います。明確な目標の設定，目標に適した教材の開発，指導する教員の養成など，膨大な課題があります。私は，フォニックスについては中学校1年生が学習のスタート時に行うべきだと思っています。中学1年生の教科書にフォニックスの教材を加えて，中学校の英語教員に指導法を学ぶ機会を与えることで解決するはずです。なんでも小学校で行えるものではないことを理解すべきです。

## 4. 指導する先生に求められること

　今まで，小学校英語を成功させるために大切なことを取り上げてきましたが，最後に一番大切な，小学校英語を担当する人の「心と技」についてです。

　どんなにいいシラバスや教材が用意されたとしても，学習者の児童と向かい合うのは指導する教師です。何かの映画のセリフにありましたが，まさに教育は現場で起こっています。授業は最終的に教師と児童との関係で成り立っています。教師がどのように児童と向かい合うかによって，教育は非常に有効なものにもなりますし，たいして有効にならない場合もあります。時には教育が有害になることさえあります。

　小学校では教師と学習者である児童との距離が近いため，教師の対応次第で児童の学習状況や学習成果が大きく変化します。では小学校英語を担当する教師はどのような気持で，どのような技術をみがけばよいのでしょうか。

### (1) あまり英語が得意でない人へ

　まず，小学校英語の実践で一番大切なことは，教師自身が英語を使おうとする気持でいることです。小学校英語だけでなく，こ

れからの日本の英語教育で培おうとしているのは,「使える英語」です。小学生に使える英語の原点を伝えるならば,まず,指導する教師が使っているところを児童に見せることです。

　極端な言い方をすると,これからの10年間は,小学校英語の担当者だけではなく,小学校教育に携わる人たちすべてが英語を使ってみようとすることに焦点をあてるべきだと考えています。それをしないで,小学生に英語を学ばせることなどまったくの机上の空論でしかありません。小学校の教師ならば,小学校英語を担当する可能性は誰にでもあります。その時になって焦るのではなく,小学校英語の入り口の年から対応方法を知っておく必要があります。その具体例を紹介します。

## ①身近な物の名称を英語で言ってみる

　日常的に使用したり,目にしたりしているものを英語で言ってみましょう。小学校英語に対応するならば,校内にあるものや児童が持っているものなどから始めるといいでしょう。毎日使用していても英語でなんというのかわからないものにたくさん出合います。その時こそが学びのチャンスです。それをすぐに辞書やネットで調べてみることが肝心です。「後で」と思ってしまうと何を調べようとしたのかを忘れてしまいます。すぐに調べられない時には,小さなノートなどに対象物をメモしておくことを薦めます。

　教室にあるもの,児童が持っていそうなもの,学校内の場所について,どのような言葉が必要か調べると,すぐに100語ほどが見つかりました。鉛筆,消しゴム,ノート,教科書,定規,三角定規,分度器,コンパス,色鉛筆,マーカー,下敷き,連絡帳,のり,はさみ,セロテープ,ホッチキスなどがあります。

　すぐに英語にできるものもありますが,英語でなんというか考えたことすらないものもあります。特に,セロテープやマーカー,

ホッチキスなど片仮名で示されているものはそのまま英語のように感じてしまいますが，英語ではそのように言わないものもあります。片仮名語には注意しなくてはなりません。

　ちなみにセロテープはイギリスではSellotapeと日本語と同じ言い方ですが，アメリカではScotch tapeと一般的には呼ばれています。どちらも商品名のためNHKの番組の中ではこの言葉が使えなくて苦労しました。また，各種の色を使って文章の一部を強調する時などに使用するペンは，highlighterと呼ばれますし，ホッチキスは製造会社の名前で，英語ではstaplerと言います。この言い方を知っている人にその針の言い方を尋ねると，ほとんどの人が答えられませんでした。針はstapleです。その針を打つ道具だからerをつけてstaplerになります。こんなことを知るだけでもとてもおもしろいと思いませんか。

　まず，日常生活の中で手にするものや目にするものから始めてください。したがって，最初のうちは名詞が主体になります。それが外国語を覚えるための第一歩です。やり始めるとすぐに1,000語や2,000語になります。しかも生活に密着した単語ですので，何度もそのものに出合いますから，少なくとも頭の中では繰り返し英語を発することになります。

### ②英語で事物を紹介する

　次の英語の文章を読んでみてください。

It is a large Australian animal with a strong tail and back legs, that moves by jumping. The female carries its young in a pocket of skin (called a POUCH) on the front of its body.

　何について説明している文章かわかりましたか。そうですね。カンガルーについての説明です。ある英英辞書でkangarooを説明している文章です。

さて，この文章を先生が声に出して読んだ時に，児童はその意味をどこまで理解できるでしょうか。ほとんどの児童はまったく意味がわからないことでしょう。辞書の説明文はできるだけ全体の長さを短くして，1文あるいは2文ほどで説明することが求められます。

　小学校で何かを英語で説明する時に，このような文では児童には何も内容が伝わりません。したがって，伝えるべき情報を単語として抜き出してみるとどのような情報が説明文の中に入っているかが明確になります。

　上記の英文の中にある重要な単語を抜き出すと，animal, large, Australian, tail, strong, back legs, jumping, female, young, pocket, POUCH などが注目されます。これらが keyword ですので，これが情報の中心になります。

　教師が児童に話すときには，情報となっている1単語につき1文をつくるようにします。したがって，情報となる単語の数だけ文ができます。クイズのように主語を It にしてカンガルーを紹介すると次のようになります。

It is an animal. It is large. It lives in Australia. It has a tail. The tail is strong. Two back legs are strong, too. It can jump very fast. A mother has a pocket. A baby is in its mother's pocket. We call the pocket POUCH.

　2文だった辞書の説明文が，10の文になりました。文字数はふくれ上がりましたが，児童に内容が伝わる英文になっています。大切なことは1文には1情報しか入れないことです。It is a large animal. ならば，児童も理解できる可能性はありますが，始めのうちは，とにかく1文1情報に徹することが大切です。そこで，It is an animal. と It is large. を分けています。また，female のように児童に伝わらない単語は避けて mother に書き替えると意味

が伝わりやすくなります。

　先生がカンガルーについて知っている他の情報を加えれば，さらに多くの文が書けます。例えば，尻尾だけで立つことができることを加えるならば，It can stand on its tail. となりますし，時速70 km で走れる（カンガルーは両足で走りますので run ではなく jump になります）ことを加えるならば，It can jump at 70 km per hour. などの文を加えることができます。

　この方法でいろいろなものを紹介できるようになることが，英語で話す第一歩です。原則として，1文には1情報，そして，1文は7単語以内（厳密に言うと7音節以内）にすると，教師も英語を話すのが楽になりますし，児童も先生が話す英語の意味を理解しやすくなります。

　おわかりだと思いますが，決して複雑な英語表現を使おうとしないことです。Simple is the best. で始めましょう。基本は中学校1年生と2年生の前半に登場する構文にすることです。

　多くの人は，中学生の時に英語は教わったけれど，使う経験をしないまま大人になってきました。小学校の教師は小学校英語に触れることで，やっと使うチャンスがきたと喜んでください。英語を使うことは，車の運転と同じで，運転しなければうまくなりません。運転することが上達への唯一の道です。英語も若葉マークは1年だけです。すぐにうまく英語を使えるようになります。

### ③内容をしっかり調べる

　英語がどんなに得意でも，伝えたい内容がなければ話すことはできません。まず伝えたい内容について，きちんとした知識を持つことが大切です。常にいろいろなものに興味を持って調べる習慣をつけましょう。言葉は気持や情報を伝えるすばらしい道具ですが，伝えたいことがなければ道具がただ転がっているだけにす

ぎません。

　例えば，ナマケモノについて話すならば，ナマケモノについて
きちんと調べて正しい情報を持つことが必要です。生息地域，体
長，体重，色，食べもの，天敵，寿命，動き方，睡眠時間など，
たくさんの特徴をきちんと調べることから始める必要がありま
す。その上で，得た情報の主なることを英単語にできれば，その
単語を短い文にすることで，英語でナマケモノを紹介できます。

　説明文をまず書くことが英語で話すことの原点です。書いたも
のを児童に対して読んでやると，児童はその英語を理解するよう
になります。今までの学習方法で英語を学んできた日本人にとっ
ては，「書けない英語は話せない」ということです。話したいこ
とを英語で書くことです。そして，その英文を音にして読むこと
で,相手に情報を伝えることができるのを実感してみてください。

④シナリオづくり

　すでに以前から高校の英語は英語で行うことが文科省から指示
されていますし，2021年度からは中学校の英語の授業も英語で
行うことが原則として文科省から指示されています。

　小学校英語はその導入ですし，英語が使われている場面に児童
をいざなうことが小学校英語の目的ですから，当然，英語が使わ
れている場面をつくることが必要です。先生が英語で児童に話す
ことがその目的を達成するために必要なことです。

　小学校教師にはそれはできないと多くの人が考えていることで
しょう。特に文科省も，教育委員会も，さらに小学校の教師を対
象に小学校英語について指導している多くの講師でさえも，その
ように思っているはずです。しかし，私は，公立小学校の英語教
育に長年携わる中で，多くの小学校の先生に英語で授業を行うこ
とを薦めてきました。上記のような方法でちょっと準備をすれば，

小学校教師が英語だけで小学校英語の授業をできることがわかっています。

　そのためにやるべきことが，伝えたいことを英語で書くことです。そしてその文を読むことで，いわゆるオール・イングリッシュの授業ができます。しかも話すことが文章で書かれた形で残っているため，何回も同じ授業ができますし，書かれたものを使って別の教師が同じ授業をすることもできます。

　俳優やアナウンサーにだってきちんとしたシナリオ（台本）があります。国会答弁にだってシナリオが用意されているではありませんか。ですから英語の授業でもシナリオを用意すればいいのです。45分間の授業の中で，教師が伝えたいと思う内容を一語一句すべて書くことから始めます。実際に書いてみると，これはどのように書けばいいかと悩む箇所が時々出てきます。その時が教師の英語学習です。辞書を引いたり，ネット検索をしたり，英語の得意な人に尋ねたりと，さまざまなことを経験できます。実際に使うための英語を学ぶ大変いい機会になります。

　45分間のシナリオづくりは大変だと思ってしまいますが，45分間すべて先生が話しているわけではありません。授業はいくつかの活動に分かれていますので，その活動の合間に話す言葉が必要になるだけです。

　実際に横浜市のある小学校で行われた，4年生の活動で作成されたシナリオの一部分を紹介します。児童が10歳になる「二分の一の成人式」というテーマでの活動の導入部分にあたります。担当教師が飼っている犬の写真を児童に見せて，その犬が何歳か考える場面のシナリオになります。《　》の中の言葉は児童が言いそうな反応，［　］の部分は教師の動きを示しています。また，A san から F san は児童の名前になります。

Hello. How are you? Are you good? I am great! It is my birthday today.《Happy birthday!》Thank you very much. I am twenty-seven years old.

By the way, how old is our school? A san, how old is our school?《Ten.》Ten years old? Good answer. But it's not right. B san, how old is our school?《Sixteen.》Good! But it is not right.

The answer is twenty-nine years old. Our school is twenty-nine years old. I am twenty-seven years old. But our school is twenty-nine years old. Our school is older than Tanaka sensei.

［犬の写真を児童に見せて］This is my pet. The name of this dog is 'John'. Challenge the quiz. OK? Question number 1. How old is John? Is John one year old? Is John two years old? Is John three years old? Four years old? Five years old? Six years old? Seven years old? Eight years old? Nine years old? Ten years old? How old is John? C san, how old is John?《Two.》D san, how old is John?《Eight years old.》E san, how old is John?《Five years old.》

Who thinks John is one year old? ［と言って手を上げる］Who thinks John is two years old? Three years old? Four years old? Five years old? Six years old? Seven years old? Eight years old? Nine years old? Last answer. Ten years old?

［間をあけて］The answer is John is ten years old. John is ten years old. How old are you? F san?《Ten years old.》John is ten years old. F san is ten years old, too. F san is very young. F san is a child, *kodomo*. But John is not a child. John is an adult, *otona*.

　例にあげたシナリオを見るとわかるように，非常に簡単な英語表現をたくさん使用して，学校の年齢や犬の年齢を確認しています。年齢を尋ねるだけですから，本来はもっと簡単に尋ねること

ができますが，答えがどれかが重要なのではなく，児童が答えにたどり着くまでの道筋において，年齢を表す years old や数字の言い方に何度も触れる機会を持たせることを意図してこのシナリオは書かれているのです。

　本来は小学校英語だけでなく，すべての教科の指導においてこれと同じように日本語で簡単に書いてみると，自分の日本語のあいまいさに気が付きます。もちろん授業はライブですから，予定したように流れるとは限りません。学習者の反応によっては，大きく予定を変えざるを得ないことはあたりまえですが，それは授業計画を念入りに準備して，多くの授業指導をした上で適切に対応できるようになることです。少なくとも小学校英語の実践ではシナリオが大変有効です。

### ⑤シナリオは覚えない

　シナリオができたら，次にはシナリオを覚えることが待っていると思いがちですが，舞台俳優ではありませんから，覚える必要はありません。と言うよりも，覚えてはいけません。覚えようとすると文章の暗記に力を注いでしまい，授業中は覚えた言葉を思い出そうとしてしまいます。そうなると，言葉が意味を伝えるのではなく，単に覚えた英語の音だけを児童に伝えてしまうことになります。大切なことは，丸暗記したものを思い出して話すのではなく，児童にわかるように表情を豊かにし，気持をこめて，重要な部分は丁寧に英語を読むことです。

　授業中はシナリオを常に手に持って，必要に応じてそれを見ながら児童に向かって話すことが効果的です。シナリオを自分の前にかざせば，その先に児童の様子や表情も見えますので児童の反応を確認しながら進めることができます。

　シナリオが完成したら，何度も読む練習をしましょう。自分で

書いた文章ですから，読むのには無理のない英語です。結果として暗記してしまう場合もありますが，それはそれとして，授業中は必ずシナリオは手元に置いておきましょう。安心感につながります。

　シナリオを見ながら授業に臨むことに抵抗のある人もいるかもしれませんので，いいエピソードをお伝えします。私が実際にシナリオを手に持って授業をしている時に，英語がたくさん書かれているその用紙を見た児童が，「先生は英語を話せるだけじゃなくて，読んだり書いたりすることもできるんですね。すごいなあ！」と言っていました。大人はカンニングパーパーを手にしている感覚がありますが，それとはまったく反対に，文字を書いて読めることに対する賞賛をしてくれました。児童にとっては書いたり読んだりする力の方が，話すことよりも高く評価できるということです。

## ⑥話し方（読み方）の工夫

　英語で内容を伝えるのには，英語が正しいかどうかももちろん大切なことですが，それと同じくらい重要なことが話し方です。小学生に英語で話す時には，自分の英語力が高くても，相手が理解できないと予測できる単語や構文は使用しないのがあたりまえです。ですからシナリオを書く時に常に相手を意識して文章化する必要があります。このような点に配慮するためにも，シナリオを書いて確認をしていく必要があるのです。

　さらに，シナリオが児童に合わせて書かれていたとしても，実際には音で伝えるのですから，伝えるための話し方（読み方）も聞き手に合わせたものにする工夫が必要になります。小学校の教師は普段から1年生から6年生までの児童に対応していますので，学年の児童に合わせた日本語での話し方をすでに身に付けていま

す。このことが英語の授業においても大きな利点となります。英語で話す（読む）場合には，高学年児童に対しても，ちょうど3年生の児童に日本語で話すような気持で話してやるのが適当だと思います。具体的に注意すべき点としては，まず，声の大きさです。最後列の両角に座っている児童にも十分に聞こえる声であること。次に，言葉の中の強弱，2音節以上の単語ならばアクセントを意識することや，どの単語を強調するかなどを考える必要があります。少なくとも，英語を声に出すことだけでなく，音声にのせて伝えたい内容を送り出す気持が必要です。

　1文の中にはキーになる1語が入っていますので，その語は間違いなく聞き取れるようにする必要があります。その単語だけを大きな声にすることは難しいですし，不自然になります。そこで，やるべきことは，その単語の前に，ほんのちょっとだけ，実際に時間を計ったことはありませんが，例えば0.2〜0.4秒ほどの間合いをあけると，同じ大きさの声でも，しっかりとその単語が聞こえてきます。

　NHKの番組制作やいろいろな教材作成で，スクリプトの録音に際しては，音声の吹き込みを担当する英語母語話者の人にこのことを依頼して録音を行いました。もちろん，彼らはプロですから，そんなことは当然承知していましたが，0.2秒と伝えたことに大変興味を持ってくれました。「間合い」の取り方が重要です。

　また，小学校の教師は，児童がわかるようにとあまりにもゆっくり丁寧に話そうとしてしまう人が多くいます。一回話す（読む）だけで児童に内容を伝えようと思わないことが肝心です。あえて1回目に話す（読む）時には早く，聞き取りにくく話す（読む）こともテクニックとして必要なことです。そうすれば，児童は聞き取れなかった不安から何らかの反応をしてきます。この反応が「聞きたい」という意志の表れになります。「聞きたい」という気

持が高揚したところで，ちょっとゆっくりと，そして，キーになる単語の前に明確に間合いを入れて話し（読み），さらにそのキーの単語だけをもう一度繰り返して言ってやるような方法が聞かせるための話し方（読み方）になります。

　また，シナリオの作成の時から意識してほしいことですが，教師が一人で話し続けるのではなく，児童ができるだけ多く反応できるような仕掛けを用意しておくといいでしょう。「相互のやりとり」という意味の interaction という言葉が使われますが，この interaction が増えるような工夫が必要になります。小学校英語の場合は，児童の英語力は極めて低いので，先生と対等に英語で反応することはできません。児童は先生の質問や指示に反応できれば十分だと考えるべきです。質問の意味を理解できていなければ反応はできません。質問や指示の意味を「聞き取る力」をつけることが，小学校英語で最も重要なことです。

　そのために，教師は自分が話して（読んで）いる間に，できるだけ児童に対する質問を入れたり，理解していることを確認したりする必要があります。例えば，リンゴを見せて，This is an... と言ってしばらく待つことで，児童は間違いなく apple という言葉を言うはずです。このような単純な方法でも interaction が増えます。児童が反応する機会がたくさんあるようなシナリオ作成や話し方（読み方）を意識しましょう。

## ⑦ほめる言葉をたくさん準備する

　日本ではどの教科にしても，児童の発言や回答に対して教師からの賞賛の言葉が非常に少ないと感じます。アメリカで小学校の授業を見学した時，教師が児童の発言や行動などに対して，さまざまな言葉でほめる場面が多いのが印象的でした。

　英語にはたくさんのほめる言葉がありますが，日本語にはあま

り児童をほめる言葉がないように思います。私がある雑誌で見つけた記事に、「101 Ways to Praise a Child」（子どもをほめる101の方法）というものがあります。英語では子どもをほめるのにこんなに言葉があるのだと驚きました。その中にあった比較的わかりやすい言葉をあげてみます。

Wow. / You're special. / Great. / Good job. / Well done. / Nice work. / Beautiful. / How smart. / Excellent. / That's incredible. / I am proud of you. / You make me happy. / Fantastic. / Marvelous. / Bravo. / Great discovery. / Nice challenge. / You tried hard. / You are unique. / What an imagination.

20種類のほめる言葉を羅列しましたが、最後のあたりにある、Nice challenge. や You are unique. What an imagination. などは、正解ではなくてもチャレンジしたことをほめている雰囲気があります。小学校英語では、教師ができるだけ児童の発言や行動をほめることを意識的にしてみましょう。

本来「評価」は学習者の学習へのモチベーションを高めるためにあります。学習中に気が付いたらタイムリーに的確な言葉でほめることが「評価」の基本です。そのためには、児童の発言をしっかり聞いたり、児童の行動をきちんと観察したりする意識を常に持っていることが大切です。

ちなみに、「101 Ways to Praise a Child」の最後の行には、追伸として、Remember, a smile is worth 1,000 Words.（笑顔は1,000のほめ言葉に匹敵することを覚えておきましょう。）という言葉が書かれています。単なる言葉だけでなく、言葉を話す人の気持や表情が大切ですね。

## （2）中学校の英語教師や英語に長けた人へ
　5，6年生の英語は教科化されることもあり、専科制によって

英語の専科教員が配置されることになっています。小中は教育委員会が同一ですので中学校の英語教師が小学校に配置転換になることもあり得ます。あるいは，小学校の担任をしている教師の中で，中高の英語の免許を持っている人や，英語に長けている人が英語の専科教員として英語（特に5，6年生）を担当することになる可能性もあります。この点は，文科省は特にコメントをしていませんが各都道府県や区市の教育委員会が検討していることでしょう。

　英語教育学者の若林俊輔氏は著書の中で，英語を教える教師について「英語はことばである。ことばであるかぎり，例えば学校で教えられている教科のすべてにかかわるのである。とすれば，英語教師たる者，すべての教科に関心を持たないわけにはいかない。」（『英語は「教わったように教えるな」』研究社）と述べています。

　しかも，この文章で若林氏が対象としている教師は，中学や高校の英語教師です。小学校英語教師になるならば，それ以上に小学校教育を知る必要があります。英語教育以前の問題として，小学校教育を理解してから小学校英語教師として対応すべきです。

　次に，「英語は教えない」ことを意識することです。英語を教えるというのは，英語の文法や構文に関する知識を教え込むことで，文科省がこれからの英語教育でめざしていることではないはずです。

　教師中心の「教授」や「指導」ではなく，児童が自ら学んでいくような場面や環境をつくることが小学校英語教師に求められていることです。教えないで学ばせることは，今までの英語教育ではなかった形式ですから，ある意味，教師が中学校英語を捨てることから始めることになります。その覚悟をすることが成功への近道です。

　英語を教えないためには，今までの中学校の教科書のような，

英語表現や文法事項を中心にした構造シラバスや文法シラバスではないシラバスを頭に描くことが大切です。単に決まった表現を覚えさせるような形式の授業は文法事項の学習であって，決してその表現を使えるようにするための学習方法ではないことを理解すべきです。

　英語を説明するのではなく，英語で児童に話しかけることが教師の重要な仕事です。自分自身が英語をある程度自由に使える教師にとっては，英語を話すことは簡単なことのように感じられるかもしれません。もちろん英語の母語話者ならば，普段の生活の中でやっていることですから簡単なことだと考えてしまいます。しかし厳密に言うと，「話す」ことではなく，相手に「伝える」ことが仕事になります。「話す」だけでは自分勝手に英語を言っていればいいのですが，「伝える」になると，相手の状況を判断して話し方や話す速度，話す語句や文も意識する必要があります。

　ALT などの母語話者が英語の授業の中で児童にはまったく「伝わらない」英語を必死で話しているのを見ます。母語話者は一生懸命やっているのですが，学習者には「伝わらない」英語になってしまっています。教師としての経験がなく，ただ英語が話せるだけの人では小学校英語を担当することはできない理由の一つです。

　次に，英語で何を話すか，話す内容をしっかりと意識することが大切です。英語の使用にいくら長けていても話す内容がなければ，何も話すことはできません。また，話している内容が正確性を欠いたり，間違っていたりするものでは教育にはなりません。小学生でも 5，6 年生になれば，知的にはほとんど大人と同じくらいの，あるいは大人以上の知識を持っている児童もいることを念頭において，話す内容を考える必要があります。

　現在ある地域の英語教育の指導的立場にいる人が，中学校英語

教師が小学校英語の実践を行う中で感じたことや悩んでいること
などについて私に話してくれました。そのことの概要を簡条書き
にして示します。

### ①授業者が考えたり感じたりしていること
・小学校英語の授業は英語でやりたい
・児童が英語を話せるようにしてやりたい
・自分が話した英語の意味をすぐにわかってほしい
・児童が英語の意味がわからない時には教師が不安になる
・児童も英語がわからないことを不安に感じている
・児童のわかったかわからないかの曖昧さに教師が耐えられない
　い
・英語を言った直後に「わかった？」と聞きたくなる
・英語をすぐに日本語に訳したくなる（訳してしまう）
・英語を言えるようにさせたいばかりにすべてを教えたくなる
・教えることが自分の仕事だと思い過ぎている
・何のために英語を学ばせているか明確な目的や目標が見えない（中学では試験が目標になり、教えたことの結果がすぐ見える）
・小学校ではやったことの結果（成果）がわからない
・楽しい英語の授業にしたい

### ②指導的立場の人が授業見学などを通して感じたこと
・教師の力で児童に英語を理解させたいと思い過ぎている
・すぐにわかることを求めすぎている
・わからない英語をわからせるための支援の方法を思いつかない
　い
・支援の方法は文字の使用か日本語での説明しか考えつかない
・視覚的な支援を思いつかないし，思いついても準備している

余裕がない
- インプットの大切さはわかっているが英語で伝えることに苦しさを感じている
- わからせたいために自分が使う英語の語彙や文の量を減らそうとする（児童が聞く量を減らそうとする）
- 児童が英語を言えるようにしてやりたいと思い，英語の発音をあえて片仮名にしている
- 英語を話せるようにしてやりたいとは強く思っているが，英語を聞いてわかるようにさせる必要性を感じていない
- 文構造の定着を目標として考えている
- 話させるために事前にその文を練習させることに執着している
- 児童への英語での質問の内容が極めて狭い
- 知っている児童にしか答えられない発問ばかり（考える質問にならない）
- 誰もがわかる質問は単純すぎてばかげた質問になる
- 活動用のワークシートが文字や文だらけ
- 板書も英語の文字だらけ
- 楽しい英語にしたいと思っているがその対応がわからない
- 英語嫌いの児童をつくりたくないと思っている

　授業者の考えていることや感じていることの中で，わかることは，中学校英語教師が一生懸命に小学校英語に向かい合い，何とか児童に英語使用力をつけたいと願っていることです。しかし，実際には授業がうまく進められているとは決して言えないことも見えてきます。
　指導的立場にいる人の授業見学の感想は，授業分析が非常にすばらしく，指導上の具体的な問題点や改善点の指摘がいくつもあ

ります。1点目は，児童がわからない英語をどのようにしたらわかる英語にできるかという点です。教師が話す英語の工夫が行われていないことが見えてきます。

　2点目は，児童に英語を話させたいと強く思っているけれど，その前に英語を聞けることがいかに大切かという点を認識していないことがあります。言語の習得は「聞く」ことから始まることを意識していないことが確認できます。これは，今までの中学校英語の指導法が「聞く」ことを行ってきていなかったことが明確に表れていますし，実際に教師もその対策をすることさえ意識していないことがわかります。

　3点目は，理解を促すために必要な「支援」の工夫をした経験がないということです。英語を日本語に訳すことや日本語で説明することで理解をさせてきた，まさしく中学校の英語教育の方法がそのまま小学校英語でも使われていることになりますし，それが効果的ではない学習をつくり出しています。

　中学校の英語教師が小学校英語の指導をするためには，視覚的な支援や，英語での説明の方法，活動内容やその方法，ワークシートの内容など，あらゆるものについての再検討が必要ということです。小学校英語の実践は世間が考えているほど甘いものではありません。それは私自身が身をもって経験してきたことでもあります。

# 第 3 章

# 小学校英語に適した実践方法と具体的な活動例

# 1. 小学校英語の実践者が今やるべきこと

　平成30年に改正された「学校教育法」の第34条の第1項に,「小学校においては, 文部科学大臣の検定を経た教科用図書又は文部科学省が著作の名義を有する教科用図書を使用しなければならない。」とあります。また, 同条2項には, 文部科学大臣の定めに対応した電磁的記録教材（デジタル教材）を教育過程の一部として使用することができる点が明示されています。さらに, 同条第4項には,「教科書用図書及び第二項に規定する教材以外で, 有益適切なものは, これを使用することができる。」と書かれています。

　すなわち, 小学校英語で使用できる教材は, 教科用図書（以後, 教科書と記載）と, 文科省の認定したデジタル教材, それ以外に授業運営にとって有効である教材は使用してよいということです。

　教科書とそれに準拠したデジタル教材は自動的に学校に配付されますので, 基本的にこれらの教材を主として使用することになるはずです。ただし, デジタル教材はICT環境によって使用が難しい学校も現実にはあるでしょう。それと同時に, 授業運営上効果的だと考えられる教材は, 学校, または担当する教師が自由に選択していいということになります。教科書のみで授業を行わなくてはならないということではないのです。

　教科書は基本的な教材になりますが, 教科書イコール授業ではないという感覚を持つことが大切です。2020年度から4年間使用する小学校英語の教科書は日本で初めて作成された教科書です。まだ, 誰もこの教科書を使用して小学校英語を実践したことがありません。

　誰も使ったことのない教科書ですから, いわば未知の教科書で

す。ですから教科書を使用して英語教育を実践する人が，この未知の教科書についての評価をできるだけ早いうちにする必要があります。使用する教科書が小学校英語に適しているのか，予定された通りに進めることができるのか，学習内容やその指導方法について，また，使用されている英語が小学生にとって適切であるのか，さらに，活動に使用するワークシートや資料などは有効であるか，デジタル教材の内容や使いやすさはどうかなど，使用した教科書や教材の改善すべき点について具体的に詳細な記録を残して，それを少なくとも教科書会社には伝える必要があります。

　日本は何においても，一旦始まったものをその後で変化させることが非常に難しい国です。したがって，一度教科書を作成してしまうと，それが基本となって，どんなに悪くても変えることをしなくなります。中学校の英語の教科書も，私が中学生だった時と内容も学習方法も，学習内容の順序さえも変わっていません。変化したのはページに色がついたことと，紙の質が良くなったこと，教科書のサイズが変わったことぐらいです。

　ですから，最初の小学校英語教科書が使われるようになったこの機会を逃すと，4年ごとに教科書が改訂されても，内容や指導法は変化しないまま，表紙が変わっていくだけの教科書が作成されます。それが100年間でも続きます。しかも，変化させないのは学習者にとってそれが有効で優れた教科書であるからではなく，教科書を使って指導する教師にとって都合がよいからです。小学校英語を担当する教師は，教科書の内容や指導法が児童の学びに適しているかどうかという視点で，使用する教科書をしっかりと評価する気持を持つことが大切です。それを怠った場合，4年ごとに表紙だけが変化する教科書がずっと作成されることになります。

　アメリカやイギリスの小学校低学年用の，いわゆる国語教材も

合めて，世界各国の英語教育用の教材を見ると，非常に多種多様なものがあり，それぞれの教材に明確な特徴があることが感じられます。しかし，今回の小学校英語の教科書を眺める限りでは，どれも違いをほとんど感じられないものばかりです。しかも，その教材の使用方法を明示するべき指導書は，採択の段階では示されませんので，児童用の教材を見て，その雰囲気で採択するしかない状況でした。しかも直接教科書を使用する教師でなく，教育委員会ごとに採択したわけです。

　本当にこれらの教科書が小学校英語に適しているかどうかは，使ってみて，児童の反応や学びの状況を判断しなければ何とも言えません。そして，その判断ができるのは現場で児童と向かい合って授業をする教師だけです。極端な言い方をすれば，小学校英語を担当するあなた自身が，今後の小学校英語が意味あるものになるかどうかを決める役割を持つことになります。

　4年後に採択される教科書は，現行の教科書が使用されはじめたその年から準備が始まります。ですから，2020年度は次回以降の教科書を改善していくためのスタートでもあります。実践している教師の声がなければ何も変化することなく，意味のないことでもずっと行われることになります。未来を担う児童のために，教師が自分の意見を持ち，それを発信していくことを期待しています。

## 2. 授業を「創る」ということ

　昔から「教科書を教えるのではなく教科書で教える」ということが言われてきました。法規上，教科書は使用しなければなりませんが，教科書を教えることだけでは高いレベルの教育になりません。教科書は不特定多数の児童や不特定多数の教師に合わせて

作成されていますので，誰もがある程度満足することを基準にしています。

　教科書はいわば「レトルト食品」のようなものだと考えるといいでしょう。温めるだけで簡単に提供できるところが利点ですが，温めたものをお皿にのせるだけでは，それぞれの好みに合わせることや，栄養のバランスをとること，食欲をそそるような見た目にすることはできません。

　しかし，レトルト食品もちょっと手間をかけることで，栄養も見た目も大きく変わります。レトルトのハンバーグを想像してください。ハンバーグを温めてお皿の上に置くだけでなく，その隣に温野菜やサラダをのせ，目玉焼きなどを添えると，はるかに美味しそうな料理になりますし，栄養のバランスもよくなります。ちょっとした手間をかけることが，レトルト食品を引き立たせることにもなりますし，そして，それを食べる人の心も体も豊かにしてくれます。

　レトルト食品に最初は満足していても，同じものばかりをお皿にのせて出されればいずれ飽きてきます。レトルト食品と同様に，レトルト教科書にも児童はすぐに飽きてしまう可能性があります。そんな時こそ教師がちょっと手間をかけるだけで，すばらしい授業に変化させることができます。レトルト教科書にちょっと手間をかけているうちに，教師は自分なりの料理をつくりたくなるはずです。その気持が授業を「創る」ことにつながっていきます。

　どの教科の指導においても教師の工夫が活かされていない授業はないと思います。教師の仕事は目の前にいる児童の状況を理解して，その児童に適した授業運営をすることです。まず，教科書の内容をしっかり確認して，何をどこまで，どのように指導をして，児童に何を学ばせたいかをしっかりと確認してください。そ

の上で，教科書に加えて何を使用し，どのような活動として成り立たせるかを考えることが重要です。国語，算数，理科，社会などすべての授業づくりでも同じことをしているはずです。授業は教師が「創る」ものです。教科書はあくまで教材の一つであるという認識を持ちながら，自分なりの授業を「創る」ために何をどのように加えるかを意識してください。

　教科書が示している通りに行うのではあまりに機械的で，教師の存在意義が消えてしまいます。児童の関心や興味，他の教科内容との関連性，季節や学校の行事とのつながりなどさまざまなことに配慮して多角的な小学校英語にしていく必要があります。

　ただ単語や表現を繰り返し言わせて覚えさせ，児童が相互に意味なく言い合うような，まるで試験対策のための英語教育のような授業に，教師が満足をしないでほしいと願っています。小学校教育に携わった人でなければ考えられない小学校英語「創り」が教師に求められています。


# 3. 小学校英語の授業「創り」に必要なこと

　小学校英語の授業では，伝わらない英語をどのようにして児童に理解させるかということが鍵になります。そのためにはわからない言葉を補助する多種多様な教材が必要になります。この教材とは教科書をはじめとした書籍などを意味しているのではなく，児童の理解を促すための教師のアイデアです。そして，そのアイデアを具現化するためのありとあらゆるものが英語教材になります。

　例えば，四季折々の花や，野菜や果物，昆虫や動物，児童のランドセルの中や教室にあるもの，料理のレシピや道具，そして最も活用できるものが他の教科で学んだ学習内容です。教師のアイ

デアしだいで，何でも小学校英語「創り」のための極めて有効な教材になります。教師のアイデアがあれば，児童を教科書の中にとじこめることなく，非常に幅の広い小学校英語教育の中でどこまでも羽ばたかせることができます。

中高生が英語を学ぶ主たる目的は試験です。定期試験や最終的には入学試験に合格するために学んでいる生徒が多くいます。しかし，小学校英語では試験が目的ではありませんので，試験という鞭で「勉強」させることはできません。児童が自ら「学びたい」と思える小学校英語にしなければなりません。そのためには，授業内容に興味を持たせ，「おもしろい」と思わせることが良い授業の絶対条件です。英語は言葉ですから無味乾燥な構文を覚えさせることではなく，英語で内容を伝えることが重要になります。

児童に英語が「おもしろい」と思わせるような具体的なアイデアを話題別に紹介します。45分の授業すべてをこのような活動にすることを前提にするのではなく，このような活動も小学校英語の学習として取り入れることができるという点を理解してもらうためです。


# 4. 具体的なアクティビティの例

この項目では「アクティビティ」という言葉を使用しますが，学習中に行う，個々の学習内容やゲーム，クイズ，歌や絵本読みなどの「活動」の意味で使っています。3，4年生の「英語活動」の「活動」や1時間の学習全体に対する「活動」と区別するために，個々の活動アイデアの意味で使用しますのでご了承ください。

私は教員生活の最後の25年間，小学校英語，特に高学年児童にふさわしい英語学習の授業案づくりと実践に専念してきました。この間，心がけてきたのは，児童の興味や関心に合った内容

を英語活動として取り上げることと，その活動を通して児童がどのような英語の語句や表現に触れることができるかという点の両立です。どんなにおもしろい内容があったとしても，その活動を通して英語として学ぶことがなければ英語学習と呼ぶことはできません。

　重要なことは，その学習を通して，児童が内容に興味を抱き，それと同時に英語の学習としても効果があるということです。私の場合，児童が興味を抱きそうなテーマを選び，その中にどのような英語を盛り込めるかという方向から考案する場合と，その反対に，語句や表現を先に選んで，それにふさわしい活動を考える場合があります。どちらにしても，小学生の英語活動としての内容と言語（英語）のバランスが取れていることを重視してきました。

　具体的には，内容と言語の学習の割合を50対50にすることを常に心がけてきました。しかし，授業によっては50対50にすることができない場合もあり，時には内容30に言語70で授業を行うこともありました。このような場合には，単元構成の中で，単元全体を通して50対50にするように注意して授業案の作成を行いました。

　この考え方は，すでに第2章でお話ししましたCLIL（内容言語統合型学習）の考え方に似ている点がありますが，私自身がCLIL型の学習形態の実践を目指しているのではないことと，CLILという言葉が日本に広まる前からこのような実践をしてきたことを先に申し上げておきます。

## （1）「数」を話題にしたアクティビティ

　「数」はどの言語を学ぶ時にも非常に重要な項目です。そして，この「数」を学ぶ時に大切なことは，1から10までの数にどれ

だけ多く触れ，自由に使いこなせるようになるかということです。「数」の言い方を知っていることと，使えることには大きな違いがあります。そのためには，学習内容をゲーム化することや他の教科の学習内容，実生活とどのように関連付けることができるかが大きなポイントになります。

### ①「足して 10 ゲーム」

1 から 10 まで（ゲームの中では 0 から 10）を使った活動の提案として「足して 10 ゲーム」（Make 10 Game）を紹介します。

このゲームは基本的にペアで行います。向かい合って，二人で手をたたいてリズムに合わせながら，相手が言った 0 から 10 の数にいくつを足せば 10 になるか考えてすぐに言い，次に自分の好きな 0 から 10 の数を言うというゲームです。相手が seven と言った場合，足して 10 になる数，すなわち three をとっさに言い，続けてすぐに自分の好きな 0 から 10 の数を相手に伝えます。

ゲームのスタートは「Start,」という言葉からはじめます。理解しやすいように A さんと B さんのゲーム実践で紹介します。「：」の後が A さんと B さんの言った数です。

A：Start, seven（seven は任意の数）．［拍手を 2 回］
B：Three（seven に足して 10 になる数），two（two は任意の数）．［拍手を 2 回］
A：Eight, nine.　［拍手を 2 回］
B：One, four.　［拍手を 2 回］
A：Six, ten.　［拍手を 2 回］
B：Zero, five.　［拍手を 2 回］
A：Five, three.　［拍手を 2 回］

上記のようにしてゲームは続きます。間違った数を言ったり，次の数が出てこなかったりした場合に勝負がつきます。基本は二

人での活動ですが，三人以上のグループで行うこともできます。この場合は円形になって，隣の人に順番に伝えていきます。間違った場合には円から外れるなどのルールにしておけば，その中のチャンピオンが決まります。

さらに活動を変化させる方法として，それぞれのグループをチームとして1分間に何回正しい数を言えるか競う，グループの対抗戦もできます。この場合は計時係の児童や正しい数を何回言えたかを判定する審判の係も必要になります。そのことで，クラス全員が同時に参加する活動になります。また，早く数を言うためにチームで自主的に練習をするなどして，どの児童も急激に「数」に対する英語の力がつきます。

さらに活動のレベルに変化をつけるためには「足して11ゲームや」や「足して24ゲーム」などにすると非常に高いレベルのゲームになります。かつて教えたことのあるアメリカ人の児童は日本人の児童に負けて，「英語はできるけど足し算が苦手」と悔しがって必死でこのゲームに挑戦していました。

## ② 「この数はいくつ」

私たち日本人は通常アラビア数字と漢数字の二つを使用しています。ただ，世界にはさまざまな数字がありますので，その数字を活用して英語で「数」の学習をすることもできます。

古代マヤ数字は5進法を内在した20進法でできています。0は貝殻の形 ◯◯◯ です。● 一つが1を示し，横棒 ━━ 一つが5を示しています。貝殻の上に● があると20になります。それ以降は貝殻を書かずに20進法で縦に伸びていきます。20以上は難しくなりますので，0から20までにしましょう。5年生以上はこの規則性を問題なく理解できます。このような数字を使うことで，単純な「数」の学習も知的レベルの高い学習になります。

| 0 | 1 | 2 | 3 | 4 | 5 | 6 | 7 | 8 | 9 |
|---|---|---|---|---|---|---|---|---|---|
| 10 | 11 | 12 | 13 | 14 | 15 | 16 | 17 | 18 | 19 |
| 20 | 21 | 22 | 23 | 24 | 25 | 26 | 27 | 28 | 29 |

古代マヤ数字の 0 〜 29

　また，ローマ数字を活用することもできます。現在の表記法では 3,999 までの数を読んだり書いたりできます。I が 1，V が 5，X が 10，L が 50，C が 100，D が 500，M が 1,000 というのが基本的な数です。このローマ数字を組み合わせると MMMDCCLXXVI の数が読めます。M が三つで 3,000，DCC で 500 ＋ 100 ＋ 100 ＝ 700，LXX で 50 ＋ 10 ＋ 10 ＝ 70，VI で 5 ＋ 1 ＝ 6 になります。全部を足すと，3,776 という数字になり，富士山の高さを示す数になります。

　なお，この数の M を二つ削除した，MDCCLXXVI という数字がアメリカの 1 ドル札のピラミッドの絵の一番下に小さく書かれています。確認しましょう。アメリカの独立年です。

アメリカの 1 ドル札

### ③「これは何の数」

　大きな数を言ったり，聞き取ってその数を書いたりできるようになることが「数」の学習の最終目標になります。その場合，た

だ単に数の言い方を練習するのではなく，生活や学習活動と組み合わせることで児童は語られる内容と英語の言い方の双方に同時に触れることができます。教科を横断的にとらえた，小学生に適した活動になります。

　例えば，社会科では川の長さや山の高さなどが登場します。各都道府県の面積や人口などを話題にすれば，さらに大きな数が登場します。理科ならば地球の直径と太陽の直径を英語で言い，その大きさの違いを実感する活動ができます。同時に単位の言い方についても学ぶことができます。

　岩手県の広さ 15,275 km$^2$ については，カンマが thousand を示すことがわかれば，fifteen thousand two hundred seventy-five の数が言えます。それと同時に km$^2$ が square kilometer であることを知る機会になります。算数の学習中に児童がこの square kilometer を口にしていると担任の教師から聞いたことがあります。

　さらに，単位と形とのつながりという点では，1 m$^3$ は 3 の部分を cube の派生語の cubic で表し one cubic meter と読むことを学びます。数と形の学習がこんなところでもつながっています。

## （2）「地図」を話題にしたアクティビティ

　社会科や理科でよく使う地図は英語活動に適した題材をたくさん持っています。地図を話題にした時に，どのような内容を扱うかと同時にどのような英語をその中に含むことができるかを考えることが大切です。

## ①「地図記号が示すもの」

　3年生の社会科では地図記号の学習をします。しかし，3年生の時に学習すると，その後はほとんど地図記号についての学習が

なくなってしまいます。そこで, 英語の活動で地図記号を登場させることで, 社会科で学習したことの復習になります。それと同時に記号が示している建物や場所について英語での言い方も学ぶ機会になります。3 年生で学ぶ地図記号には, 市役所, 町役場, 裁判所, 消防署, 警察署, 学校, 病院, 博物館, 図書館, 神社, 寺院, 工場, 発電所, 灯台, 税務署, 畑, 田んぼ, 港, 温泉, 史跡などたくさんのものがあります。これだけでも 20 の単語が登場します。

　先生は What's this mark? や What does this mark mean? などの質問で地図記号の意味を問います。このような単純な質問を何度も繰り返して聞くことになりますので, 児童はその質問の意味の説明などなくても理解しますし, 中には繰り返し表現練習をしなくても言えるようになる児童も登場します。

　実際の活動としては, 地図記号のカードを見せて上記の質問をとりまぜながら, 記号を表す英語を聞かせます。ある程度カードと英語名がつながるようになったら, グループごとにカードのセットを渡して, 先生が言ったカードを取るカードゲームができます。

　また, 学校の近くの地図をプリントして, その中に示されている地図記号を見つけて, 指定された色をその記号に塗るような活動もできます。この場合には, Please color the hospital green. や Color the city hall red. のような指示を繰り返すことで活動が進められます。色塗りの終了後には, What is the green mark? や What color is the city hall? というような質問で児童とのやり取りができます。

② 「方位の言い方」

　社会科でも理科でも地図の学習では 4 方位や 8 方位, さらに

16方位について学びます。方位を示す方位磁針にはNSEWの文字が書かれている場合が多いので，英語の活動にとっては都合がいいです。What is N? What does S mean? などが先生の質問の英語です。

　まず，4方位，8方位，16方位の言い方について学んだ後，中心に学校があり，過去に遠足で行った場所などが含まれている地図をプリントして児童に配付します。その地図を見ながら行ったことのある場所を探したり，ランドマークになる建物や場所を探したりして印をつける活動をします。見つけにくい場所の場合には，It is in the north from our school. や It is in the southwest from our school. のようなヒントを言って質問の場所を探させることができます。

　地図上のある場所の方位を尋ねる表現として，Which way is Haneda International Airport? と言って地図上での方位を尋ねる活動をしました。wayを使用したのはdirectionという語は児童には難しいと判断したためですが，児童はdirectionを使用した時の方がわかりやすかったようです。たぶん2音節以上の語はアクセントを強調するため，かえって聞き取りやすいのでしょう。大人の余計な配慮が児童の興味や関心と結びつかない場合もあるようです。

　この表現を活用して，Which direction is Tama Zoo from our school? など，かつて遠足で行った場所を尋ねる質問ができますが，児童の答えは通常，West. のみで終ります。この時に，先生がGood! In the west. のように，ちょっとIn theの部分を強調して繰り返してやると，何度か同じようなやり取りの後で，数名の児童がIn the east. や In the southeast. のような返事をします。一人の児童が気付くことでそれが他の児童に伝わっていくことが集団の学びの素晴らしさだと感じます。全員同時に理解させること

ではなく，まず一人二人の児童が気付くことからクラス全員の気付きに広がっていくような活動が集団の学びの原点です。

　1語で答えられたら，その語を句にする方法を示すことが大切です。そのことなしに，すぐに文で覚えさせようとすると，文の練習ばかりの英語活動になってしまいます。下の図のように，「語から句へ」「句から文へ」と徐々に進んでいくのが言語活動の常道です。

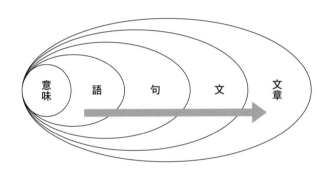

　児童と教師のやりとりは基本的に教師が文で質問して，児童は語で答えることから始めるべきです。次のステップとして上記のIn the west. のように句で対応できるようになれば，あとは文にすることは簡単です。しかし，コミュニケーションとして自然な返事は In the west. で，It's in the west. のほうがむしろ不自然な言い方になります。What is your name? に対しても，名前だけを言うのが自然であって，わざわざ My name is Koizumi. と言うのは，かえって不自然だということです。日本の英語教育でこの練習をするのは，めざしているのが文法や構文であって，コミュニケーションとして学んでいるのではないことを証明しています。

③「距離を計算」

　前述の「方位の言い方」と同じ地図を使用して，ある地点から別の地点までの距離を計算する活動ができます。もちろん地図には縮尺を示しておく必要があります。例えば，1 km が 2 cm で表される縮尺が 5 万分の 1 の地図なら，地図上で 6 cm ある A 地点から B 地点までの直線距離は実際には 3 km であることが計測と計算から導き出せます。

　質問の英語は How many kilometers is it away from A to B? になります。この時に，How far ～？で尋ねるよりも，明確に kilometers を使用した方が，児童は質問の意味を理解できますし，答えるときにも，25 kilometers のように単位をつけて答えることができます。

　縮図は 6 年生の算数で登場する事項ですので，この活動は 6 年生の算数で学んだ後での実施になります。かつて，算数で縮図について学んだ直後にこの活動を英語で行ったことがあります。その時，ある児童が「算数もたまには役に立つことがある」と言ったためみんなで大笑いしました。

## （3）「動物」を話題にしたアクティビティ

　「動物」はとかく低学年の活動のテーマのように思われてしまいがちですが，取り扱い方によっては，低学年だけでなく高学年児童にとっても十分に活用できるテーマです。どのような点を強調するかによって多種多様な活動をつくることができます。

　また，小学校の先生が児童にある程度まとまった内容を話すのに非常に適しているテーマです。それぞれの動物について調べていくと児童に伝えたいことがたくさん出てきますし，比較的やさしい英語で伝えられることが多くあります。

## ① 「高学年向きの動物クイズ（キリンの例）」

まず動物についての正しい知識を持っている必要があります。ここではキリンを例にして話します。

「キリンは何色か」という問いに多くの人は「黄色」または「黄色と茶色」という返事をします。しかし，実際にはその色ではありません。キリンの体表は白い地色に茶色い斑紋がのっている網目模様です。種類によってはこの色が多少異なる場合もありますが「白地に茶色の斑紋」が一般的です。ちなみにこの斑紋は人間の指紋のように個体によってすべて異なっているそうです。

キリンの特徴を調べていく上で，その特徴を最初から英語の単語や句で示すようにすると，後で英語の文にする時に非常に便利です。

キリンの身長は 5 meters tall，体重は 1,000 kilograms，尾の長さは 1 meter long，舌の長さは 40 centimeters long，生息地は in Africa，色は white and brown，食料は tree leaves (about 50 kilograms a day)，走る速度は 50 kilometers per hour，寿命は 10 〜 15 years in the wild，新生児の体重は 50 kilograms，睡眠時間は 20 minutes a day といった情報が得られます。

この単語や句の形で収集した情報を文にして児童に語ることで，先生が英語を話す体験が急激に増えます。この場合，既述のように 1 文には一つの情報のみにします。上の例のように 11 の情報があれば，11 の文が書けます。そして，1 文は 7 語（厳密に言うと 7 音節）程度にすると，児童が聞き取りやすい文になります。児童が聞いてわかる文で話すことを考慮する必要があります。

上記の情報を What's this animal? というクイズにして活動をするならば，情報の順序を入れ替えてクイズらしくする必要があります。

What's this animal? A new baby is about 50 kilograms. Its father is about 1,000 kilograms. It has a tail. The tail is one meter long. It eats tree leaves. It eats about 50 kilograms of leaves a day. It lives in Africa. It can run fast. It can run 50 kilometers per hour. It sleeps for only 20 minutes a day. It lives for 10 to 15 years in the wild. Its body is white and brown. It is a very tall animal. It is about 5 meters tall. What's this animal?

このような動物クイズならば、先生が話す英語をしっかりと聞かなければなりませんし、ヒントの中に含まれている情報は高学年児童でも興味を持つようなものになります。また、ヒントの文章にはたくさんの重要な表現が含まれていますので、高学年児童に適したクイズだと思います。

先生はクイズの出題をする時に、英文が書かれているメモを手に持って丁寧に気持を込めて読むことが大切です。暗記して思い出しながら話すより、はるかに内容が児童に伝わります。

「書けない英語は話せない」を心に留めて、たくさんの動物クイズを文章にして書き留めてみてください。


② 「干支の動物」

干支の漢字は動物を示しています。12種類の動物の漢字とその英語名をマッチングする活動から始めます。子、丑、寅、卯、辰、巳、午、未、申、酉、戌、亥の漢字を書いたカードを用意します。裏にはマグネットシートを貼っておくと便利です。

はじめに、12種類の干支の漢字が書いてあるカードをそれぞれ見せて、その漢字がどの動物を示しているかと、その英語名を尋ね、わからないものは先生がその場で伝えます。はじめは十二支の順序で行い、途中から順序を変えてカードを示すと効果的な活動になります。

それぞれの干支の漢字を見て該当する英語が言えるようになっ

たら，次に動物の英語名が書かれているカードを見せて，その文字が示す動物を答える活動に進みます。用意するカードは，mouse, cow, tiger, rabbit, dragon, snake, horse, sheep, monkey, rooster, dog, wild boar になります。

　黒板にこれらのカードを貼って，児童に漢字の干支カードを渡してマッチングさせる活動や，漢字のカードを黒板に貼って，英語のカードをマッチングさせる活動ができます。

　また，干支は時刻や方位を示していますので，次のような24時間時計を完成させると，時刻や方位を尋ねる活動ができます。

　この時に先生が使う英語表現の例は次のようになります。《　》内は児童の答えの例です。

干支時計

What animal comes after the snake? （巳の次の動物は何ですか。）《Horse.》

What time is the hour of the cow? （丑の時刻は何時ですか。）《From 1 to 3 a.m.》

What is the direction for the mouse?（子はどの方位になりますか。）《North.》

　このような質問から，子の方位は北，午の方位は南であることがわかります。そのため，南北を示す線を子午線と呼ぶことや，午の時刻より前を「午前」，午の時刻より後を「午後」，そしてちょうど午の時刻の真ん中を「正午」ということが理解できます。時刻や方位が干支と関連していることを英語の活動で知るのは興味深いと思います。

③「動物オリンピック」

　動物のオリンピック大会として，動物の運動能力を確認する活動もできます。走る速度やジャンプ力，泳ぐ速度などを英語で比較することができます。

　示された時速から，その速度で 100 m を走った場合には何秒で走れるかなどを計算する活動も高学年にふさわしい活動になります。

　動物を選んで 4 択問題などにして，どの動物が一番早く走れるかを考えます。高学年の活動の場合，出典が明らかなデータなどを用意しておくことが重要です。もちろん個体によって動物の走る速度は異なりますが，以下のような例が書籍などに示されています。（　）の中の数字は 100 m をその速度で走った場合に換算した秒数です。

| cheetah 115 km/h（3.13） | lion 80 km/h（4.50） |
| zebra 65 km/h（5.54） | giraffe 50 km/h（7.20） |
| African elephant 40 km/h（9.00） | hippo 40 km/h（9.00） |

　ウサイン・ボルト選手の世界記録は 9.58 秒ですので，ゾウやカバの方が速いことになります。

　上記のようなアクティビティをたくさん考案して実践してきましたが，この本の執筆の主目的はアクティビティの紹介ではなく，その裏側の理論的なことについて説明することにあるため，アクティビティ数は限定して提示しました。さらにこのようなアクティビティに関心のある方は，小学校英語向けの拙著『英語活動ネタのタネ』（アルク）を参考にしてください。たくさんの小学校英語実践のためのネタを紹介してあります。

## 5. 1単位時間の授業案の作成

　1単位時間の45分の授業を考案する時に，45分を一つの塊として考えないで，45分をいくつかに分割して考えることが大切です。最終的に分割したものを組み合わせて45分の活動になるようにすると授業の流れが明確になります。

　そのためには，分割したそれぞれのパーツを行うのにどのくらいの時間が必要か考えることになります。その時の最低使用時間を3分として考え，その3分を1単位にします。予定した活動は3分間がいくつあれば行えるかを考えていきます。あいさつと導入には1単位の3分，次の活動には3分×2単位の6分が必要で，さらに次の活動では3分×4単位として12分を使うというように考えると，45分をどのように使用するかが明確になります。

　また，どんなにおもしろそうな活動でも，5単位の15分を超えると，必ずその活動に飽きてくる児童が登場します。最大時間を3分×5単位の15分までにして，さらに実施したい場合には，次の学習時間に再度実施するように計画することが，児童を飽きさせない授業づくりになります。

　（＊45分間の活動サンプル「色を混ぜる　びゅんびゅんゴマをつくろう」をコンパニオンサイトに掲載しています。→目次ページ参照)


## 6. 複数の単位時間で単元を構成する場合

### （1）小学校英語には何単位時間の単元が適しているか

　小学校英語だけでなく，どの教科の授業をつくる時にも単元構成になりますが，単元構成の時間は学習すべき内容の量や，難易度によって異なります。2単位時間構成が適している場合もありますし，4単位時間や6単位時間がふさわしいものもあります。

4単位時間や8単位時間という時間が設定されてしまっている場合には，それに見合った活動にする必要があります。

　活動内容がたくさんある場合には，単元の時間に合わせて選ぶことができますが，十分な活動がないまま単元時間だけがたくさん指定されている場合には，無理やりその時間を埋めることになってしまいます。内容が先にあって，その活動には何単位時間が適切かというように考えることが，優れた授業にする条件です。

　学習内容が少ないのに時間だけが多くあれば，それぞれの学習時間の内容は非常に薄いものになります。また，反対に学習すべき内容がたくさんあるのに時間が足りない場合には，非常に濃い学習内容になって，児童が理解しないままその単元が終ってしまいます。

　国語や算数のように，週5回の単元時間の授業を行っている教科ならば8時間単元の学習もあり得ますが，週2回だけの，しかも「モジュール式」の短時間の活動を含めて2単位時間しかない小学校英語では，8単位時間単元はあまりに長すぎる単元構成だと言わざるを得ません。せいぜい4単位時間が現状の小学校英語の最大の単元だと思います。

　3単位時間を1単元とした活動例を紹介します。「時刻」をテーマにしていますが，私の活動案では，What time is this? のような表現を覚えさせることを主な活動にしていません。「時刻」の活動で最も重視していることは0〜59までの英語の数を知っているだけではなく，自由に使いこなせるようになることです。したがって，さまざまなアクティビティによって，0〜59までの数を使う機会を持たせることと，時刻のおもしろさを感じる学習にすることがねらいとなっています。

## テーマシラバスに基づく活動案作り（3時間単元）

1. テーマ：時刻
2. 活動時間数：3単位時間
3. 対象児童学年：5年生または6年生
4. 活動のねらい：①時刻や時計のおもしろさを体験する
   　　　　　　　②時刻を聞いてその時刻を数字で書き示す
   　　　　　　　　ことができる
   　　　　　　　③時計を見てその時刻を英語で言うことが
   　　　　　　　　できる

5. 活動概要

| | 活動概要 | 使用時間 | 児童に求める反応 |
|---|---|---|---|
| 1時間目 | ・開始のあいさつ | 2分 | ・1〜59の数字を聞いて理解できる |
| | ・*Seven Steps* を歌って1〜10の数を確認する | 6分 | ・1〜59の数字を言うことができる |
| | ・「足して10ゲーム」を行う | 9分 | ・指示に従ってゲームができる |
| | ・足し算ゲームをし、1〜59の数字を確認する | 12分 | |
| | ・カードゲーム「31を作ろう」を行う | 15分 | |
| | ・終了のあいさつ | 1分 | |
| 2時間目 | ・開始のあいさつ | 2分 | ・時刻の言い方が理解できる |
| | ・1〜59の数字の確認（足し算ゲーム） | 9分 | ・時計を見てその時刻が言える |
| | ・時計プリントへの時刻の記入 | 15分 | |
| | ・時計プリントの時刻確認 | 9分 | |
| | ・この時計は何時？（リバーサル時計の時刻） | 9分 | |
| | ・終了のあいさつ | 1分 | |

| | | | |
|---|---|---|---|
| 3時間目 | ・開始のあいさつ | 2分 | ・特殊時計を見てその時刻が言える |
| | ・この時計は何時？（リバーサル時計の時刻） | 6分 | |
| | ・この時計は何時？（特殊時計の時刻） | 6分 | ・指示に従って世界時計をつくる |
| | ・世界の時刻（世界時刻時計作り） | 9分 | ・世界時計を見て各地の時刻が言える |
| | ・世界の時刻（時刻の確認） | 15分 | |
| | ・インターネットで時刻の確認 | 6分 | ・インターネットで示された時刻がわかる |
| | ・終了のあいさつ | 1分 | |

（＊「時刻」の活動案の全体をコンパニオンサイトに掲載しています。
　→目次ページ参照）

　単元構成の学習にする場合には，1回目の学習時間で行ったことを，次の時間の中に再度加えることが重要です。それが単元構成にする意味です。極端な言い方をすると70％は既習の学習内容の復習にあてるつもりでいいと思います。単語や表現を復習するという意味だけではなく，英語を通して学習した内容も含めて70％ということになります。

　中学校での英語学習と異なり，自宅で復習や試験のための学習をするのではありませんので，学校での授業の中でそれまでの学習を振り返ることが必要になります。その点で，「時刻」の授業案には復習部分が多くなっています。ただし，まったく同じ活動を繰り返すのではなく，活動のレベルを少し高くしたり，前回にはなかったものを加えたりするアイデアは必要になります。

　結論を言うと，小学校英語では3単位時間から4単位時間での単元ならば，児童が飽きずに集中した授業ができます。また，教師も授業の全体を見通すことができるため，復習事項などを含めた形で余裕をもって実践できます。

## （2）公立小学校での英語活動の実践例概要

　世田谷区立の小学校で Y 先生が実践した，4 年生の 3 単位時間単元の授業の内容検討から実践に至る道筋を紹介します。この授業は世田谷区立小学校教育研究会の英語活動部会で公開学習として実践されたため，私もコメンテーターとしてこの活動の計画の段階から当日の授業，そして研究会にも参加しました。

　Y 先生が考えた授業の趣旨・内容は以下のようなものでした。

　4 年生の該当クラスは虫に興味を持っている児童が多い。蚕を育てたり，ヤモリを教室で育てるために，本で調べて餌を確保したりしているうちに，ほとんどの児童が生き物について大変興味を持つようになった。また，学校にビオトープがあり環境学習にも力を入れていることから，英語活動のテーマを「動物」にしたい。

　Y 先生は多摩動物公園に見学に行き，さまざまな動物を見たり，多摩動物公園が貸し出している動物についての資料を確認したりしていました。また，見学に行った時に，子どもたちが坂道を登る時にも楽しく登るための工夫として，いろいろな動物の実寸大の足形がまるでその場を歩いたように描かれていて，その足形をたどって坂道の上までたどり着くまでに，その動物が何かわかるようになっていることに気が付いたとのことです。

　このアイデアを活用して，動物の足の形や大きさなども英語活動に含めたいと考えたそうです。児童の興味に基づいた英語活動の準備が開始されました。

　英語活動における「内容」は「動物」になりましたが，そこで，英語の学習としてどのポイントと組み合わせるかを検討しました。Y 先生の計画では，動物の英語名はもちろん学習項目になりますが，それに加えて，「数」についての学習にしたいとの意見でした。2 年生の算数で登場した cm（センチメートル）や m（メー

トル）の長さの単位の学習や，3年生の算数に登場した長さや重さを測る活動との関連を活かした英語学習にすることをめざしたいとのことでした。

できあがった活動計画は，英語学習の中に言語の学習と内容としての学習が見事にバランスをとって計画されています。これは小学校英語ならではの活動計画といえます。（＊この活動計画の表をコンパニオンサイトに掲載しています。→目次ページ参照）

学習のねらいとして，2020年度からの評価の3観点に合わせて以下のように説明しています。

<u>知識及び技能</u>

① 13と30のように発音の似ている数を区別し，気を付けながら発音している。

② 13から19までの数は，1の位から読むことを理解しながら発音している。

<u>思考力，判断力，表現力等</u>

①歌やゲームを通して，99までの数を言ったり聞いたりしている。

②動物の特徴について，長さの単位をつけて積極的に発言している。

<u>学びに向かう力，人間性等</u>

動物についての話を，先生が何を伝えたいのか考えながら聞き，気付いたことや考えたことを積極的に発言している。


授業はほとんど100％英語で行われました。児童はあたかも先生が日本語で話しているかのような自然な様子で話を聞き，必要に応じて英語で反応したり，場合によっては日本語で答えたりしました。先生は日本語の答えに対しては，英語での言い方を丁寧に繰り返し，児童は英語での答え方を理解していました。

Y先生は海外滞在経験などもない普通の小学校教師です。授業アイデアとシナリオを書くなどのちょっとした英語の準備があれば，誰でもY先生のような小学校英語が「創れる」と思います。

　今回は3単位時間での単元案活動でしたので，全体の流れも見事にできていましたし，児童も一つの話題に飽きずに活動をしていました。6時間や8時間単元の学習となると，同じ話題で3単位時間または4単位時間の構成のものを2種類用意して，実施期間を連続させずに，期間をおいて行うことを薦めます。そうすれば，前に学んだ内容や英語の復習にもなりますので，学習効果が高まります。一気に同一単元を8単位時間実施するよりも，教師も楽ですし学習効果や定着度がはるかに増します。

### （3）長い単位時間の単元の例

　実際に8単位時間で一つの単元をつくる場合には，どのようなことができるかという例として，私が実践した9単位時間で1単元の学習の概要を示します。6年生の最後の学習単元ですので，この時点で児童は英語の聞き取りに慣れていることと，ある程度の英語の単語や文は読んで理解することができることを条件に実施しています。

　また，何度も言うようですが，私がこの授業でめざしていることは英語の表現練習ではなく，活動の中で英語を聞いて，その内容を理解することです。国名などのスペルを聞いて書いたり，面積や人口の数字を聞いて書いたり，指示に従って作業をしたりする活動や，文章を読んでその中にある情報を読みとって，内容についての質問に英文や単語で答える活動なども含まれています。

　以下の活動概要で示されている「内容」とは学習を通して学ぶ中身のことで，「言語」は英語の語彙や表現など英語の言語面の学習を示しています。

「パンケーキをつくろう（Let's make pancakes!）」活動概要

○ 1時間目

「内容」

・世界の国家数を知る

・オリンピックに参加した国と地域の数を知る

・知っている国の英語名を確認する

「言語」

・3桁までの数の言い方を確認する

・地域名（Asia, Oceania など）の言い方を確認する

○ 2時間目

「内容」

・国名と地域の確認をする

・指示された国の場所の確認する（白地図に色を塗る）

・使用している言語を知る

「言語」

・大陸と国名の文字を確認する

・各国の使用言語の名称を知る

○ 3時間目

「内容」

・指定された国の面積を知る

・指定された国の人口を知る

・面積の広い国のトップ5を確認する

・人口の多い国のトップ5を確認する

「言語」

・大きな数の言い方を確認する（thousand や million を含む）

・広さを示す単位の言い方を確認する

○ 4時間目

「内容」

・それぞれの国の有名な料理名を知る

・代表的な料理のつくり方を知る

「言語」

　・国名の形容詞形を確認する（French, Italian, Chinese など）

　・料理名を知る

　・料理方法の言い方を知る（bake, steam, roast, chop, slice など）

　・料理道具の名称を知る（pan, spatula, chopsticks, ladle など）

## ○ 5 時間目

「内容」

　・各国の名産品について考える（カナダの名産品を含む）

　・カナダの名産品のメープル・シロップのつくり方を知る

　・メープル・シロップ生産者にメールを送り生産状況を尋ねる

「言語」

　・名産品の名称を知る

　・メープル・シロップのつくり方についての言い方を知る

　・生産者へのメールの内容を検討する

## ○ 6 時間目

「内容」

　・メープル・シロップの生産者からの返事を確認する

　・メープル・シロップを使用する料理を知る

　・パンケーキのつくり方を知る

　・パンケーキをつくるのに必要な材料と道具を確認する

　・パンケーキづくりの作業工程を確認する

「言語」

　・メールの返事を読んで内容を確認する

　・パンケーキの材料の名前と量の言い方を確認する

・パンケーキづくりに必要な道具の名称を確認する

・パンケーキづくりの作業順序の言い方を確認する

## ○ 7, 8 時間目

「内容」

・パンケーキづくりの実践（家庭科との共同授業）

・パンケーキをつくるのに必要な材料と道具を確認する

・パンケーキづくりの作業を指示に従って行う

・できあがったパンケーキを食す

「言語」

・パンケーキづくりに必要な道具の名称（文字）を確認して
その道具を準備する

・パンケーキづくりの作業指示を聞いてその作業を行う

・材料の量を示す表現を理解する（one and half cups of flour や
two tablespoons of sugar など）

## ○ 9 時間目

「内容」

・メープル・シロップの採集方法や時期などを再確認する（英
文の資料を読み質問に答える）

・パンケーキづくりのレシピを読んで工程を再確認する

「言語」

・メープル・シロップづくりの工程や採集時期についての英
文を読み，質問に英語で答える

・パンケーキづくりに必要な材料や道具の言い方，材料の量
の表し方について英語で書かれた資料で再確認する

（＊この活動案の資料をコンパニオンサイトに掲載しています。
→目次ページ参照）

8単位時間や9単位時間の活動となると，このくらいの学習内容ができます。このような大きな単元は児童のそれまでの学習成果があることと，教師が単元をつくることに慣れていることが必要だと思います。

　東北地方のある私立小学校で拝見した授業は，これと同様に時間数が多い単元構成の授業でした。蝶についての英文の本を読むことから始まり，自分で選んだ生き物についての調べ学習があり，調べたものをプレゼンテーション用の表にまとめて，英語で発表し，その後，それぞれの児童が調べたことについてクイズや質疑応答などがありました。英語での探求型の授業だと言えます。

　この学校も普通の一条校であって，特例校ではありません。ただ，英語教育を実践している教師がめざしていることが，低学年から高学年まで見事に一貫していました。この一貫した教育が成果につながっているのです。めざすことを明確にして，そのための準備をして，丁寧に一歩一歩進めてきたことの結果です。

## Interview 1

### 小学校から英語授業を受けてきた K さんの話

◆ K さんのプロフィール
- 都内私立小学校卒業
- 1 年生から 6 年生まで約 300 単位時間の英語教育を受けた
- 小学生の時には学校以外での英語教育は受けていない
- 小学校 6 年生の時に英検準 2 級に合格
- 中学校 3 年次に AFS International Programs の試験を受けて合格し，高校 1 年生の夏から 1 年間アメリカに留学
- 帰国後，英検 1 級合格
- 現在，都内の大学の国際教養学部に在学中で英語に加えてフランス語を学んでいる
- 家庭内に特別な英語環境はない

質問 1：英語を学びたいと思ったきっかけは何ですか。

回答：自分が小さい時から両親がよく英語の歌を聞いていて，自分も英語で歌えるといいなと思っていました。それと，小学校 1 年生から学校で英語学習があり，絵が書かれたカードを見ながら，先生が言う英語の音を真似して言ったり，小さいころから好きだったおとぎ話を英語で読んでもらったりしたのがとてもうれしかったことを覚えています。

　4 年生の頃，母親から英検というテストがあるので受けてみないかと提案され，5 級を受けたら合格しました。単語を

覚えるのが苦手だったのですが，その時までにかなりの単語を知っていたことがわかりました。5級に合格したので，4級，3級と受けていき，6年生の時に準2級に合格しました。

　周りの人にはそのことは話しませんでした。話さなかったのは，自分の力を試すために受けただけだからです。英検のテキストを読んだりテキストについていたCDを聞いたりしましたが，それ以外に特別に英検のための学習をしてはいません。でも合格すると，「やった！」という気持になって，次に進みたいと思いました。

質問2：小学校での英語学習で印象に残っていることは何かありますか。

回答：細かいことはあまり覚えていませんが，いろいろな活動が楽しかったということはよく覚えています。どんな英語の表現を学んだかは思い出せません。学校の英語の授業では先生は英語だけで話していましたが，その内容がわかるのはうれしかったです。NHKの児童用の英語番組も家でよく見ていて，番組の中で話されている英語が聞き取れた時にはとてもうれしくなりました。大きくなるにつれて英語で話されている映画を見るようになり，字幕なしでも内容がわかるといいなと思いはじめました。

　高学年になって英語が読めるようになったら，いろいろなものが読みたくなりました。読めるようになったら自分でも英語を書きたくなって，「英語で日記を書きたいので見てもらえますか」と英語の先生に話しました。先生はすぐに了解してくれたので，ほとんど毎日英語の日記を書きました。

高学年では授業中に辞書の使い方を教えてもらったので，知らない単語は自分で調べ，何とか文を書いてみましたが，最初は1文書くのがやっとのことでした。しかも，その中にはたくさんの間違いがありました。何度も書いていくと少しずつ文を増やしていけるようになりました。先生がいつも間違いを直し，説明をしてくれたので毎日続けて書けたのだと思います。英検の準2級に合格できたのはこれも役にたったのではないかと思います。

　4年生から始まる学校のクラブ活動では外国語サークルに入り，英語やその他の外国語に触れたことが印象に残っています。中国から留学していた大学院生の方が，中国語の発音などを教えてくれました。それぞれの人の名前を中国語で読むとどんな音になるかを教えてもらい，同じ漢字なのに自分の名前が違った音になるのが非常に興味深かったのを覚えています。

質問3：中学校以降の英語学習についてどのように感じていますか。

回答：中学生になって，初めて英語塾に通うようになりましたが，学校でも塾でも文法のことばかりの学習で，「文法いやだ！」と感じました。次のテストには何が出るからこれをやっておかなければならない，というような気持で英語を学んでいるのがつらかったです。

　高校1年生の後半から1年間アメリカへ留学して，実際に英語を使う経験をたくさんしました。日本に帰って来てから大学入試のために英語を学んだ時は，それまでに考えていた

英語の学習と違っていて，もっと自由に学ばせてほしいと感じました。その時期は，人と話すために英語を学んでいるという感覚がなくなっていました。日本の社会では，学ぶことを自分のためでなく他人との競争のためにやっているように感じました。

　大学生になって，いろいろな授業や自分から進んで行っている活動の中で，外国語の学習は人とつながるためにやっているという実感があります。言葉を学ぶことは、その言葉が携えてきた文化を学ぶことでもあると感じています。

質問４：小学校英語への期待などを話してください。
回答：小学校英語は楽しく始められることが大切だと思います。最初から文法学習のようなことや，無理やり単語や文を覚えさせられるのはつらいと思います。子どもたちが楽しいなと思いながら，自然に英語を覚えていくような学習があるといいと思います。

　また，英語学習の中におもしろいと思える興味深い内容があることは大事だと思います。英語学習を通して他国の文化を知ることができるような学習が小学校にもあってほしいです。

◆Ｋさんの話への感想
　小学校での英語学習での活動が楽しかったことは記憶に残ったとしても，学んだ言葉の詳細は記憶としてほとんど残らないということです。小学校英語は児童の体験的な活動を通して，記憶に残る楽しさを感じさせることが重要だと言えます。

また，音から意味をとらえられるようになることの重要さを感じました。教師の話している英語や，英語のテレビ番組などの内容が「わかった」という体験が学習への意欲を高めています。

　さらに，フォニックスから始めた文字学習を通して，英語の文字が読めるようになることで，自分の力で英語を学ぶことができるようになることがわかりました。

　「言葉の学習は文化を学ぶこと」という言葉が非常に印象的でした。

# *Interview 2*

## 世田谷区立小学校の M 先生の話

### ◆ M 先生のプロフィール

・世田谷区立の小学校で担任をしながら英語担当者として英語活動の実践を行っている
・世田谷区立小学校教育研究会の英語活動部会のリーダーの一人である
・東京都の「英語教育推進リーダー」として海外研修に参加した
・月に 1 回の研修会を開催し，「外国語活動だより」を発行して他の教員のサポートを行っている
・日本児童英語教育学会の研究大会で実践研究発表を行った

質問 1：小学校英語に今までどのように向き合ってきましたか。

回答：最初は自分が中学校で受けた英語の授業しか，英語学習のイメージがありませんでした。ですからそれと同じような活動をしましたが，自分自身も英語が好きではなかったし，ALT まかせになり，ただその場にいるだけの状況でした。ALT まかせにしていると，児童は英語がわからないのですぐに騒ぐようになり，ALT の言っていることを日本語に訳すことと，ひっきりなしに「静かにしなさい。」と言うことが仕事でした。児童との関係も悪化し，ストレスが溜まりました。

　数年後，この状況をなんとか解決しないといけないと思い，自分で英語活動をやろうと決心しました。児童が英語を言わ

なければならないような場面をつくればいいのではないかと思い、数をテーマにした活動として「携帯電話ゲーム」を考えました。携帯番号を聞いてその数字を書きとったり、自分の電話番号を言ったりするという活動でした。活動はある程度うまくいきましたが、英語を「教えていない」という理由と、英語を使うのが苦手で、指示や説明が児童にうまく伝わらないこともあり、周囲の教師からの評価は低く、結局意図を理解してもらえませんでした。

　自分自身の英語使用力を高めることはすぐにできるものではありませんでしたが、研修会で簡単な英語で複雑なことを話す方法を知り、言われたことを実践してみました。中学1年生が学ぶ英語レベルで言いたいことを書いて、それを見ながら児童に話す方法です。これならば、前もって話す英語の準備ができることがわかり、ぎこちないながらも All English での活動を行いました。新しい自分の発見があり、「自分でもできた！」「これならば私も楽しい！」「こんな授業を私も受けたかった！」と感じました。

　実践した活動が増えれば増えるほど、自分の引き出しに活動のネタが増えるのと同時に、なぜか他からは、私が流暢に英語を話している風に見えるようで、「英語を話せる人」と思われるようになりました。知っている単語が増えていくことで自分自身も楽しくなりました。英語活動を工夫していく中で、他の教科の授業でも「何か工夫できるんじゃないか」「導入にこれを使えばおもしろいかも」などと考えるようになり、恥ずかしながら初めて教材研究のおもしろさを感じました。それ以降は英語活動を実践するのが楽しくてたまりません。

質問２：推進リーダーとして今感じていることはどのようなことですか。

回答：いろいろな考えの人がいますので，私が考えてきたことや経験してきたことをすぐに理解してもらうのは難しいです。私自身も自分を変えるまでに長い時間がかかりました。少しずつ考えを広げていくことを心がけています。急に「ああしてください。」「こうするべきです。」と言っても，理解していない場合には反発しか返ってきません。そのために，月に１回の割合で研修会を開いたり，「外国語活動だより」を発行したりしています。研修会に出てくれた先生には，一緒に授業に参加してもらうようにして，英語活動の楽しさを実感してもらい，「ああ，これでいいんだ。」というイメージを持ってもらうことで拒否感を少しずつ薄めるようにしています。「時間をかけてゆっくりと焦らずに少しずつやる」を心に留めてこれからも進めていくつもりです。

　現在，本校ではほとんどの先生がT1として，支援員やALTと一緒に授業を行っています。また，支援員やALTがいなくても，何とか英語で授業をできるようになってきています。うれしいです。

質問３：これからの小学校英語での課題は何だと思いますか。

回答：英語活動だけではないのですが，教科書のとおり，「赤本」と呼ばれる指導書のとおりにやることを目標に行われている授業が多いです。指導書に書かれている指導法や評価基準がすべてだと思いこんでいて，どうしてもそこから抜け出せない人が多いため，これからの小学校英語でも，授業を一緒に

考えましょうと言っても，「教科書には，指導書にはこう書いてあるんだけど。」と言われてしまいます。

　教科書をアレンジして児童にとって興味深い活動にすることを広めていかなくてはならないと感じています。指導書よりも目の前の児童を見てほしいと思います。そうすれば，間違いなく教師自身がおもしろいと思える授業になるはずです。

　「でもどうしたらいいの。」というのが先生たちの本音で，指導書のとおりにやる人が多くなり，児童が楽しめない小学校英語になってしまうのではと，非常に危機感を持っています。

　また，業者が作成したテストやドリルも登場していて，授業に困っている教師や，評価をしなくてはならない 2020 年度からは，これらを購入する学校も登場するのではないかと心配しています。発音が片仮名で書いてあるものや，機械的に文字をなぞるだけのドリルもあり，これが英語の授業になったら，英語が気持や情報を伝えるための大切な道具だということが児童に伝わらなくなってしまいそうな気がしています。

　もう一つ気になることは，文科省が言っていることがひっきりなしに揺れ動いていることです。担任が教えるべきと言っていた矢先に急に専科制が決まったり，教科書の選択は終っても具体的な評価基準が示されなかったりと不安になります。教育委員会もそれに合わせるように揺れているのを感じます。

質問４：これからの小学校英語に対する思いを聞かせてください。

回答：小学校の英語が児童にとって意味のあるものになってほしいと思っています。私たちが受けてきた中学校の英語とは

違う，小学校でなければできない英語教育になってほしいです。児童の発達段階を考えると，まだまだ頭の中が未分化ですので，他教科の学習内容や行事とのつながりを組み入れた学習や，児童に身近で共通した話題を盛り込んだ英語学習が有効だと感じます。そのためには常に児童の近くにいて，ほとんどの教科を教えている担任が行うことが大切な気がします。指導者側の都合で専科制にするならば，小学校教育を本当に理解している人が対応すべきです。英語力があっても小学校教育や小学生のことを理解していない人の指導では小学校英語にはなりません。担任力を活かすことが小学校英語の最大の強みだと思います。

### ◆ M 先生の話への感想

長年小学校英語に直接携わってきた先生だからこそ話せる強い思いがあります。自分が苦労して身に付けてきたことを，できるだけ多くの先生たちに伝えたいという気持を感じるのと同時に，自分の目の前の児童だけでなく，多くの先生たちの目の前にいる児童にとっても小学校英語がいいものになってほしいという願いを強く感じました。しかも，単に英語教育としてだけではなく，小学校教育にとって大切な学習にしたいという気持が伝わってきました。

また，教材研究の原点やおもしろさを英語の授業の実践を通して知る機会になったことへの言及には，実際に体験した人の言葉としての実感がこもっていました。英語の指導が他の教科指導にも良い影響があるというのは，やはり担任としていくつもの教科を指導している担任経験者だからこその言葉です。

今後の小学校英語についていろいろな心配を感じていること
もわかりました。文科省の対応の不明確さがそのまま教育委員
会に波及して，それが現場の教師に及んでいることも理解でき
ました。

# 第 4 章

# 10 年後の
# 小学校英語への期待

2020 年度からの小学校英語は，多くの，しかも重大な問題を抱えたままのスタートとなりました。ここからは，気持を入れ替えて 2030 年度のスタートまでに何を改善し，どのような小学校英語にすればいいかを考えていきたいと思います。特に，文科省にはこれからの 10 年間で，小学校英語について，現状での考え方や対応の間違いや弱点，それに今までに考えてこなかったと思われることを指摘します。教科書会社には，小学校英語では何を重視して教材作成をすべきか，また，どのようなことを現行の教科書に加え，何を削除すべきかについて語ります。そして教師にはこれからの 10 年間で指導者として何を身につけ，どのような気持で児童と向き合う必要があるかを具体的に説明します。

## 1. 文科省への期待

### （1）目標設定を下げましょう

　まず，2020 年度から施行される小学校学習指導要領の第 10 節の外国語（5，6 年生の教科英語）の目標について，問題点を指摘します。（A）から（D）の記号とその部分の下線は私が書き入れたものです。

「外国語によるコミュニケーションにおける見方・考え方を働かせ，外国語による　(A) 聞くこと，読むこと，話すこと，書くことの言語活動を通して，コミュニケーションを図る基礎となる資質・能力を次のとおり育成することを目指す。

　(1) (B) 外国語の音声や文字，語彙，表現，文構造，言語の働きなどについて，日本語と外国語との違いに気付き，これらの知識を理解するとともに，読むこと，書くことに慣れ親しみ，聞くこと，読むこと，話すこと，書くことによる　(C) 実際の

コミュニケーションにおいて活用できる基礎的な技能を身に付けるようにする。

(2)コミュニケーションを行う目的や場面,状況などに応じて,身近で簡単な事柄について,聞いたり話したりするとともに,(D) 音声で十分に慣れ親しんだ外国語の語彙や基本的な表現を推測しながら読んだり,語順を意識しながら書いたりして,自分の考えや気持などを伝え合うことができる基礎的な力を養う。

(3)外国語の背景にある文化に対する理解を深め,他者に配慮しながら,主体的に外国語を用いてコミュニケーションを図ろうとする態度を養う。」

## ①下線部(A)と(B)について

下線部(A)と(B)には,小学校英語でも4技能の学習をめざすことが書かれていますが,小学校英語では3年生から6年生まで実施しても210単位時間にしかなりません。たった210単位時間で4技能に関する学習や,文構造のように文法に関することまでの学習が行えるはずはありませんし,すべきではないと思います。少ない時間での活動ですから,小学校英語にとって優先順位の高いことに専念すべきです。それは徹底的に「聞く活動」をして,相手の言っていることを理解しようとする気持を育て,その結果として「聞く力」を高めることです。聞くことはコミュニケーションの原点であり,言語学習として最も基礎的な力です。

## ②下線部(C)について

小学生は実際のコミュニケーションの場で英語を使用することは基本的にありません。保護者と一緒に海外旅行に行って,保護者がいない場所で自分だけで対応しなければならない事態になっ

た時や，児童だけで海外研修などに参加した場合のみです。このような機会に恵まれる児童はほんのわずかな数ですし，大多数の児童は該当しません。ですから小学生のうちからこのような点を目標にする必要はありません。

### ③下線部（D）について

文字の指導を甘く見過ぎています。文字の導入は，小学校1年生の仮名文字学習と同様に，各文字と音との関連を確実に行う必要があります。そのためには，しっかりと文字と音のつながりを指導できる教師と，効果的な教材が必要になります。日本では中学校でも高校でも，文字と音をつなげる学習は行われていません。そのため，中高の英語の教師でもこの点を指導できる人はほとんどいません。このことが解決しないまま，小学校で文字の指導を行うのはやめておいた方が無難です。

やるならば，中学校の英語教師を鍛えて，中学校1年生のはじめの段階で1単位時間中15分ほどやれば数か月で基本的なことは学べます。そのために，中学校の教科書の中にこの文字と音をつなげる学習（フォニックス）を入れるべきです。優れた指導者がいたとしても210単位時間では「聞く活動」を重視することの方が優先になりますので小学校で行うことは不可能です。

## （2）小・中・高の段階別特性を活かした英語教育の推進

小学生にとっては「聞く活動」が最重要活動です。残りの三つの技能は中学と高校での学習に委ねましょう。中学校では易しい英文で書かれたものの内容を拾い出すような活動を行い，大量の「読む活動」に専念させれば，小学校で音からの情報を得る力，中学校では文字からの情報を得る力をつけることになり，受信型の英語力が一気に高まります。

この受信する力を receptive skills と呼び、「聞く」と「読む」の二つの力が該当します。この二つのスキルが先にあり、このスキルが高まらないと発信する力の productive skills と言われる、「書く」と「話す」のスキルは高まることはありません。コミュニケーションの第一歩は受信力をつけることです。それが英語の運用力を一気に高める原点になります。キャッチボールはキャッチから始まります。ピッチボールとは言いません。英語でもキャッチボールのことを play catch と言いますが、play pitch とは言いません。すべてがキャッチから始まります。

　そして高校では小学校と中学校で培った受信力（キャッチ力）を活かして、発信力（ピッチ力）を高めることに専念すべきです。発信力とは「書く」とその延長としての「話す」（スピーチ）です。「書く」ためには「文法」の力が必要になりますので、その時点で文法項目を学ばせることが最適です。テーマを指定して、自分の考えを英語でまとめる学習を通して、発信型の英語が完成します。自分が書くために必要となる文法事項は架空の知識ではなく、必要に迫られた必要不可欠な知識になります。これで英語でスピーチができる高校生が大量に生まれます。このような長期的な学習計画で英語学習は行うべきです。小学生の時から4技能のバランスをめざそうとするのはあまりに愚行です。

## （3）お金は出して口は出さない

　教育にはお金がかかります。現場で必要なものには十分に金をかけましょう。国家予算をたくさんとって、いい教育をするための条件整備をしましょう。まず、教師の資質向上のための研修機会を増やすことです。できるだけ、現場に即した研修が望まれます。そのためには、小学校での現場経験のある、しかも英語教育に長けた講師が必要となります。

また，夏休み中などに海外研修に出られるだけの費用を用意してください。ある程度の長い期間が望ましいですが，短期間外国に行っただけでも，しかもその国が英語を母語としていない国であったとしても，英語で会話をする機会がかなりありますので，教師にとって大きな経験になります。そして，その経験が小学校英語には大いに役立ちます。まず，教師が英語を使う場面を経験することが小学校英語では大変重要です。

　お金を出すとついつい口も出したくなりますが，そこは教師を信頼してまかせることです。信頼できる教師を採用するためにも費用を増やす必要があります。フィンランドの教育改革のポイントは小学校教師の給与を上げたことと，大学院修了を義務づけたことだそうです。その結果として，信頼できる教師の集団になって教育力が上がったと，フィンランドの教育視察に行った時に話を聞きました。

## （4）評価方法を単純に

　5，6年生の評価基準が複雑過ぎます。評価をもっと簡単にしましょう。原因は目標が多すぎるからです。全教科に指定された三つの観点に加えて，五つの領域があるため，何をいつのように評価したらいいか理解に苦しみます。実際に週2単位時間しかないのに，これでは評価のために授業が行われるような本末転倒なことになります。

　少なくとも評価は学習者が学習へのやる気を増すためにあるものですから，児童が英語学習を楽しんでやることが先決です。児童を評価する以前に，シラバスや教材，指導力や環境の評価を先にする必要があるのではないかと感じます。その上で，児童の活動の評価が可能になるということでしょう。

## 2. 教科書会社への期待

　教科書会社に対しては，10年後ではなく，4年後にまた教科書の改訂がありますので，とりあえず，4年後をめざしてお願いします。

　今回の教科書は会社として納得のいく教科書になったと思いますか。それとも納得がいかないものになってしまったのでしょうか。採択率ではなく，内容として何が不足し，どの点を改善しなくてはならないかを明確にしてください。どんなに優れた教材でも採択率が低い場合もあります。これはその教科書の良さを判断できない人が選んだ場合におきます。広域採択制をとっていますので，実際の使用者が選んでいません。ですから使用が始まったら，使用している教師に直にさまざまな点を確認してください。それをもとにして次期教科書を改善してください。

　次の作成の時には『We Can!』でなく，海外の教材をぜひ参考にしてください。種々さまざまな教材があります。きっと日本の小学校英語の教材作成にも非常に参考になることと思います。特にアメリカやイギリスで使われている母語話者の低学年児童向きの教材にはおもしろいものがたくさんあります。アメリカ人の子どももこんなことを学ぶのだということに気が付きます。文字と音の関係を学ぶ教材は特に参考になると思います。

　それから，もし，教科書の検定制度がなくなったらどのような教科書をつくるか，ということを原点にして小学校英語の教材を考えてほしいと思います。それがその会社の力です。検定制度があるからこれしかできないは言い訳でしかありません。

　私は検定教科書がない時代に，自分の思いの丈をつぎ込んだ小学校英語教材をある出版社でつくらせてもらいました。1年間，休みのほとんどをその会社で過ごしました。時には1日に3食そ

の会社で食べました。昼食，夕食，そして夜食です。それでも苦痛などはなく，楽しくて完成するのが寂しい気持でした。誰かの指示に従ってつくらされるのではなく，つくりたいものをつくることの楽しさがありました。今でもこの会社と，一緒に3食食べた担当者には心から感謝しています。

　もう一つの希望です。出版社が団結して，文科省に教科書の買い上げ金額を上げるように要請してください。現在の価格はあまりに低い不自然な金額だと思います。これは皆さんの会社を儲けさせようとして言っているのではありません。教科書作成にもっとお金をかけて，より良いものを児童に提供してほしいと願っているからです。そしておたがいにもっと競争をして，どれもこれも『We Can!』のような教科書という状況から足を洗ってほしいのです。世の中では多様性が合言葉です。教科書会社の威信をかけた独自性の高い教科書の作成を期待しています。

## 3. 教師への期待

### （1）すべては児童のために

　若林俊輔氏は「教育は子供たちに奉仕するものであること」(『英語は「教わったように教えるな」』研究社) という言葉を残しています。教育の場にいる私たち教師は，決して政治や行政，そして役人に奉仕するための存在ではなく，子どもたちへの奉仕者であるという，あたりまえのことを言っているのですが，現場にいるとさまざまな仕事が湧いてきて，ついつい忘れがちになってしまいます。常にこの言葉を心に留めて教師としての正しい道を進みましょう。

　同じところで若林氏は，教師だけでなく，文科省も子どもたちへの奉仕者であるべきだと語っています。ちょっと話は文科省に

戻りますが，2019年11月1日，英語4技能の民間試験の延期がその受け付け初日に発表されました。この民間委託試験がいいかどうかとは別に，あまりに受験者である生徒たちを無視した行為でした。

## （2）自分の目を信じるな

　20年近くも前のことになりますが，授業中にほとんど私の話を聞いていない男子児童がいました。長年教えていましたので，私も注意することをあきらめ，この児童の様子は気にしなくなっていました。もちろんこの児童の評価は極めて低かったです。特に授業観察における評価は最低の評価でした。

　そのころ，私は研究の目的で，ビデオカメラを児童から離れたところに据え置いて，授業中の児童の様子を撮影していました。ある日，撮影したビデオを見ていると，何も聞いていないはずのこの男子児童が，私の質問に対して手をあげて発言をしたがっている様子が映っていました。しかも複数回です。私は授業中にはこの児童が手をあげていたことにまったく気付いていませんでした。私自身は深く反省はしたものの，このことをその児童に伝える機会はありませんでした。それからしばらくして，この児童は事情によって転校してしまいました。

　そして，何年も過ぎ，ある時，大人になったその児童が，私に会いに来ました。私が校長になったことをホームページで知り，お祝いを伝えに来たとのことでした。そして，小学校の時の英語の授業が楽しくて，それ以来一生懸命に英語を学んだことを知らせたかったと言ってくれました。私は思わず彼が小学生だった時の授業中の私の対応を詫びました。本人はまったく覚えていないとのことでしたが，私は，彼が来てくれたことで心に引っ掛かっていたことが取り去られる思いがしました。

教科化された学校英語には「評価」が入ってきます。しかし中学校や高校の英語のようにテストで評価はつけられません。やりたがっている人たちは多くいますし，教材会社はすでに教科書に合わせたテストを用意しているようです。小学校英語を破壊するつもりでしょうか。一方，テストをしないならば，観察評価が重要になります。しかし，1クラス数名から10名ほどまでの児童ならば，観察も多少はできますが，教師自身が必死で英語と悪戦苦闘の状態で授業をしている最中に，30人も40人もいる児童の学習状況を観察することなどまったく不可能です。特に発言の多かった児童か，または反対に非常に態度が気になった児童にしか目が向きません。その結果が上記の私です。

　児童の評価のためではなく，自分自身の授業を自己評価するために私は撮影をしていたのですが，それによってこの児童の件だけでなく，その他にも自分の多くの間違いに気付くことができました。自分が見ていることには常に主観が入っています。客観的な判断のためにも，据え置きカメラでいいですから，まず自分自身にビデオカメラを向けて撮影をして，あとでじっくりその授業を見てください。自分の妙な話し方の癖や，どの方向をよく見ているか，黒板に書いた文字の間違いまで見事に映し出してくれます。時々この撮影をすることをお薦めします。私が撮影した8ミリビデオテープは段ボール箱二つになりましたが，すでにそれを見る道具がなくなってしまいました。残念な気持とほっとする気持が入り混じっています。


## （3）英語を使うことを楽しむ

　包丁は何のためにあるかというと，当然，料理をつくるためにあります。では，英語は何のためにあるかという問いには何と答えますか。正解は人とつながりを持つためです。では，私たちは

本当に人と人とをつなぐ道具として英語を活用してきたのでしょうか。

　料理をするためには包丁は切れることが大切ですから砥石で砥ぎます。切れる包丁ならば料理も楽しくなります。英語という道具を与えられ，その手入れをしたのが中学校や高校で受けた英語の授業でした。私たちは英語で料理をするために切れ味をよくしようとして，一生懸命に英語を磨いてきました。しかし，料理にはなかなかたどり着くことがなく，途中で2回ほど試し切りをする機会が与えられました。それが高校入試と大学入試です。でもこれは人と人とを結ぶことではありませんので，あくまで包丁の切れ味を確認するだけでした。

　せっかく砥いだ包丁ですからそろそろ料理をしてみませんか。料理をしないまましまい込んでいた人は，ちょっとだけ砥石を出して砥ぎ直しをする必要もあるかもしれません。でも，もともとの刃金はしっかりとしたものですから，砥ぎさえすればすぐに切れ味のよい包丁になります。

　日本国内で英語という包丁で料理をする場所はあまりありませんが，皆さんにはすばらしいキッチンがあります。それが小学校英語というキッチンです。砥いだ包丁を使用して料理をつくるチャンスがやっときました。大いに喜んでください。料理をすればさらに包丁を砥ぎたくなります。そして包丁を砥げばさらに料理をしたくなります。相乗効果が生まれ，ある時ふと気が付けば，海外旅行で自然に英語を話しているかもしれません。

　料理を，しかも質の高い料理をしましょう。その料理を楽しみに待っている人たちが目の前にたくさんいます。待っている人たちが喜ぶ顔を見たら，さらにおいしい料理をたくさんつくりたくなるはずです。

# おわりに

　私が勤務していた小学校の昇降口の壁に，「百年樹人」という文字の彫板がかかっています。かつて，台湾にある姉妹校締結をした小学校から贈られたものです。『管子』という中国の古い書物にある「一年樹穀，十年樹木，百年樹人」の中の言葉です。穀物を得るには一年ですむ，木を得るには十年かかる，しかし，人を得るには百年かかるという意味です。人を育てることが国を造ることになり，そのためには非常に長い年月を要するということを示しています。

　小学校英語は生まれたばかりの赤ん坊のようなものです。この赤ん坊をどう育て，どのような大人にするかについて，小学校教育と英語教育に携わる人たちがこれからも十分に時間をかけて議論をして，意味のあるすばらしい教育にしていかなければなりません。始まったらそれで終わりではなく，これからこそが大切な時期になります。

　私たちは，「児童への奉仕者」であることを常に心に留めて，小学校英語を児童の人生にとって素晴らしい意味を持つ学習にするために，日々の努力を続けていきましょう。そして，小学校英語に触れたことで，「心」と「技」を磨き，英語教育の中で培った力を他の教科指導にもぜひ役立ててほしいと願っています。それでこそ，小学校教育の中で活きる小学校英語になります。そして，児童だけでなく，先生にとってもすばらしい経験を与えてくれる小学校英語にしていきましょう。

私は小学校英語に足を踏み入れたことで，多くの人と巡り合って，一緒にたくさんの仕事をさせてもらいました。テレビ番組制作や教材作り，雑誌掲載やホームページへの執筆など，小学校英語に触れなければあり得なかったことを経験させてもらってきました。

　勤務校で一緒に頑張ってくれた先生方や，さまざまな地域の熱心な先生方からたくさんのことを学ばせてもらいました。その経験がなければこんなに充実した日々を送ることはなかったと思っています。

　そして，私の目の前にいて，時々文句は言うものの，私の下手な授業にも終始快く付き合ってくれた児童に感謝しています。彼らがいなければ何もスタートはしませんでした。彼らが小学校で学んだ英語がその後の人生でちょっとでも役に立ってくれていればうれしいと思っていますが，それは教師のエゴだと思って，大きな声では言わないようにします。

　本書を執筆する段階でも，多くの人たちにお世話になりました。授業を紹介してくださったY先生，インタビューに快く対応してくれたKさんとM先生，地域の情報を提供してくれたH先生など多くの方々のご協力に心から感謝いたします

　そして，出版にあたっては大修館書店と，前年度の『英語教育』の連載からずっとお世話になり，有益な助言と，厳しい表現の指摘や原稿締め切りの催促などを，いつもやさしい声と笑顔でしてくれた編集担当の尾川和日子さんに心から感謝しています。尾川さんの力でここまでやってこられました。ありがとうございました。

　みんなの力で未来を担う児童が楽しく，そして充実し，彼らの人生にとって意味ある小学校英語が行われることを期待します。そのために拙書がわずかでも役に立ってくれることを心から願っています。

# 参考文献

**教育全般関連書**

『教育とは何か』大田堯，岩波書店，1990 年

『かすかな光へと歩む　生きることと学ぶこと』大田堯，一ツ橋書房，
　2011 年

『人が人に教えるとは』上田薫，医学書院，1995 年

『教え上手』有田和正，サンマーク出版，2009 年

『人を育てる』有田和正，小学館，2014 年

『人が学ぶということ』今井むつみ・野島久雄，北樹出版，2003 年

『授業を変える』（*How People Learn*）米国学術研究推進会議編著，
　森敏昭・秋田喜代美監訳，北大路書房，2002 年

**言語（英語）教育関連書**

『英語は「教わったように教えるな」』若林俊輔，研究社，2016 年

『にほんご』谷川俊太郎　他編，福音館書店，1979 年

『小泉八雲』小泉節子・小泉一雄，恒文社，1976 年

『小泉八雲父子英語練習帳―幼児の英語教育のために―』小泉八雲，
　八雲会，1990 年

『英会話の音法 50』東後勝明，日本児童英語振興協会（JAPEC），
　2019 年

『英語教育，迫り来る破綻』大津由紀雄　他，ひつじ書房，2013 年

『英語教師は楽しい』柳瀬陽介　他編，ひつじ書房，2014 年

『マクドナルド「日本回想記」』ウィリアム・ルイス　他編，刀水書房，
　1979 年

『幕末の外交官　森山栄之助』江越弘人，弦書房，2008 年

『小学校からの英語教育をどうするか』柳瀬陽介・小泉清裕，岩波
　ブックレット，2015 年

『〔小学校〕英語活動ネタのタネ』小泉清裕，アルク，2011 年

『現場発！　小学校英語』小泉清裕，文渓堂，2009 年

『小学校英語で身につくコミュニケーション能力』湯川笑子　他，
　三省堂，2009 年

『CLIL 新しい発想の授業』笹島茂　編，三修社，2011 年

『CLIL　内容言語統合型学習　第 1 巻　原理と方法』渡部良典・池
　田真　他，上智大学出版，2011 年

『日本私立小学校連合会　外国語部会　10 周年記念誌』日本私立小
　学校連合会外国語部会，2000 年

『歴史は眠らない』NHK テレビテキスト，2011 年，2-3 月

『Junior Columbus 21』（Book 1 / Book 2），光村図書出版，2004 年

*Finding Out*, David Paul, Macmillan, 1991

*My First Dictionary*, Betty Root, Dorling Kindersley Publishing, 1993

*The Longman Picture Dictionary*, Julie Ashworth and John Clark,
　Longman, 1993

*Big First Grade Ages 6-7*, Joan Hoffman et al., School Zone Publishing
　Company, 1997

*Big Second Grade Workbook Ages 8-9*, Joan Hoffman et al., School Zone
　Publishing Company, 1997

*Starter. CLIL Activity book for beginners*, Reinhard Hoffmann,
　Westermann, 2011

## 文部科学省関連資料（Web サイトを含む）

『小学校学習指導要領』（平成 29 年改訂）

『中学校学習指導要領』（平成 29 年改訂）

『高等学校学習指導要領』（平成 30 年改訂）

『英語ノート』1, 2　及び　指導編　文部科学省

『Hi, friends!』1, 2　及び　指導編　文部科学省

『Let's Try!』1, 2　及び　指導編　文部科学省

『We Can!』1, 2　及び　指導編　文部科学省

「学習指導要領データベース」

　https://www.nier.go.jp/guideline/index.htm

「学制百年史」

　https://www.mext.go.jp/b_menu/hakusho/html/others/detail/
　　1317552.htm

「小学校外国語活動・外国語　研修ガイドブック」

　https://www.mext.go.jp/a_menu/kokusai/gaikokugo/1387503.htm

「平成29年度改訂の小・中学校学習指導要領に関するQ＆A」〈外
　　国語・外国語活動に関すること〉

　https://www.mext.go.jp/content/1422361_001_1.pdf

「今後の英語教育の改善・充実方策について　報告〜グローバル化
　　に対応した英語教育改革の五つの提言〜」

　https://www.mext.go.jp/b_menu/shingi/chousa/shotou/102/
　　houkoku/attach/1352464.htm

## 著者プロフィール

**小泉清裕**（こいずみ　きよひろ）

　昭和女子大学大学院文学研究科特任教授。前昭和女子大学附属昭和小学校校長。前昭和女子大学附属昭和こども園統括園長。都留文科大学英文科非常勤講師。日本私立小学校連合会会長。東京私立初等学校協会会長。日本児童英語教育学会（JASTEC）理事。専門は英語教育。幼稚園，小学校，中学校，高等学校，大学，大学院とあらゆる教育現場での英語指導経験をもつ。NHK（ETV）の英語番組『えいごでがんこちゃん』，初代『プレキソ英語』，『スーパーえいごリアン』の制作に監修者などとしてかかわる。著書に『〔小学校〕英語活動　ネタのタネ』（アルク），『現場発！　小学校英語』（文渓堂），『小学校からの英語教育をどうするか』（共著）（岩波ブックレット）などがある。趣味は料理と旅行。

小学校英語　授業づくりの心と技——児童の学びの力を育む

©Koizumi Kiyohiro, 2020　　　　　　　　　　NDC375／viii, 145p／19cm

初版第 1 刷——2020 年 4 月 20 日

著者————小泉清裕
発行者————鈴木一行
発行所————株式会社 大修館書店
　　　　　　〒113-8541 東京都文京区湯島 2-1-1
　　　　　　電話 03-3868-2651（販売部）　03-3868-2293（編集部）
　　　　　　振替 00190-7-40504
　　　　　　［出版情報］https://www.taishukan.co.jp

装丁者————林 陽子（Sparrow Design）
カバーイラスト————永野徹子
印刷所————倉敷印刷
製本所————ブロケード

ISBN978-4-469-24636-0　Printed in Japan